粮食作物节能减排技术
与政策初探

王久臣 宋振伟 李 虎 主编

中国农业出版社

本书编委会

前　言

　　全球变暖是世界粮食安全面临的最严峻的挑战之一。自工业革命以来全球地表平均气温已经上升了0.85℃，并仍将以更快的速度递增，预计到2050年其升幅将达到1.3～7℃。在2015年12月12日气候变化巴黎大会上，来自世界195个国家的代表终于就共同应对气候变化通过了《巴黎协定》，将本世纪末全球地表平均气温升幅与前工业化时期相比控制在2℃以内。气温日益增加的科学事实证明，人类活动所导致的CO_2、CH_4和N_2O等温室气体排放增加，是全球气候变暖的主要驱动力。要实现《巴黎协定》的控温目标，到2020年全球碳排放要减少到1990年以下的水平，各国的碳减排任务非常艰巨。与此同时，随着世界人口递增、生活水平提升和资源环境问题凸现，到2050年世界粮食总产量仍需提高50％以上，才能确保世界粮食安全。众所周知，温度是作物生长的主要生态因子，气候变暖将直接或间接通过极端天气和干旱频发等影响作物产量。如何协调温室气体减排和作物增产的关系，以实现减缓气候变化和保障粮食安全的双赢，是一个全球性的理论与技术难题。

　　中国农业生态系统脆弱，气候变化幅度高于全球，作物生产受气候变暖的影响更为突出。"谷物基本自给、口粮绝对安全"的粮食安全战略，不仅是确保我国国民经济持续稳定发展的基石，也是世界粮食安全的根本选择。近10年来，在主要粮食作物持续增产和农产品供给水平不断提升的同时，我们也遇到了资源短缺和生态环境恶化等

突出问题。温室气体减排不仅是体现大国形象和主动承担国际义务的需求，更是我国国民经济健康发展和人民生活水平提升的内在需求。因此，通过农业科技、政策和知识的创新，实现国家粮食安全、适应和减缓气候变化和人民生活质量提升的多赢，在中国这样的人口大国、"资源穷国"、发展中国家，尤其显得重要。为了进一步丰富作物生产应对气候变化的理论体系，提升我国农田节能减排的技术水平，促进我国农业生产方式转变和现代农业可持续发展，我们撰写了"主要粮食作物节能减排技术与政策初探"这一拙作。

本书是在多年科学试验和生产实践的基础上完成的，拟从理论、技术和政策等多层面出发，探讨我国作物生产节能减排的技术与政策问题。本书理论联系实际，技术内容丰富，可以作为从事作物耕作栽培及农田生态环境科研人员的参考用书，也可以作为农业高等院校相关专业的教学参考用书。

全书撰写过程中得到了农业部农业生态与资源保护总站王全辉研究员、中国农业大学陈阜教授、中国农业科学院张卫建教授、世界银行茹江经理和曹文道经理的大力支持。在本书出版之际，对所有贡献者表示诚挚的感谢。

由于作物生产对气候变化的响应与适应及应对技术是农业科学的一个新领域，相关理论与技术仍需进一步系统创新与集成示范。受编著时间、精力和研究水平的限制，书中仍存在许多不足之处。因此，我们仅希望抛砖引玉，以获得更多的批评建议，共同促进作物生产节能减排和绿色增产增效，为我国农业生产方式的战略转型做出更大贡献。

编　者

2016年1月

目 录

第一章
气候变化与农田节能减排概述

1.1 气候变化与温室气体排放

1.1.1 全球气候变化

人类与赖以生存的环境应和谐发展。随着科学技术的不断提升，人类社会在经济方面取得了快速稳定的发展，社会文明也有了很大的进步。但由于对自然资源的不合理开发利用，在全球工业化、城市化和现代化快速发展的同时，人类与自然环境关系的不协调在加剧。这种长期积累的不符合自然生态规律的人为经济行为，对生态环境造成了严重破坏，形成了生态危机。在人类面临的生态危机中，影响面最广、后果最严重的就是温室效应导致的全球气候变暖。特别是在工业革命之后，人类与自然环境的关系更是发生了巨大变化，并且地区性的环境问题逐渐发展成为全球性问题，被世界各国所关注。

全球气候变化（Climate Change）是指在全球范围内，气候平均状态在统计学意义上的巨大改变或者持续较长一段时间（典型的为10年或更长）的变动。气候变化的原因可能是地球系统的内部进程，或是外部强迫，或者是人为持续对大气组成成分和土地利用的改变。《联合国气候变化框架公约》（UNFCC）第一条将气候变化定义为"在特定时期内所观测到的在自然气候变率之外，可直接或间接归因于人类活动改变全球大气成分所导致的气候变化"（IPCC，2007）。

全球气候变暖已成为不争的事实，并引起了国际社会和科学界的高度关注。为此，世界气象组织（WMO）和联合国环境规划署（UNEP）在

1988年联合建立了政府间气候变化专门委员会（IPCC），就气候变化问题进行了科学评估。2014年11月2日，IPCC第一工作组在丹麦哥本哈根发布的第五次评估报告《气候变化2013；自然科学基础》指出，20世纪50年代以来气候系统的许多变化是过去几十年甚至千年以来所未见的：①大气：过去30年，每10年地表温度的增暖幅度高于1850年以来的任何时期。在北半球，1983—2012年可能是最近1 400年气温最高的30年（图1-1）。②海洋：海洋变暖主导气候系统中储存能量的增加，占1971—2010年储存能量的90%以上。③冰冻圈：过去20年，格陵兰岛和南极冰盖已大量消失，世界范围内的冰川继续萎缩，且北极海冰和北半球春季积雪也呈持续减少的趋势。④海平面：自19世纪中叶，海平面上升的速度一直高于过去两千年的平均

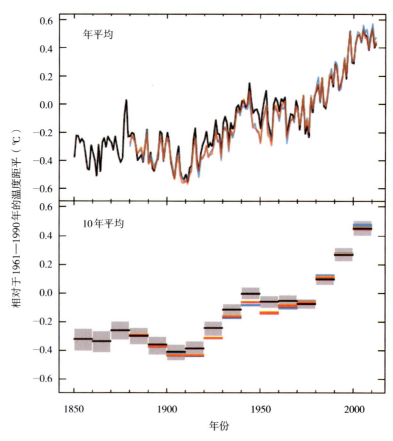

图1-1　1850—2012年全球陆地和海洋表面观测的平均温度距平（摘自IPCC，2013）

速率，1901—2010年，全球海平面平均上升了0.19m（0.17～0.21m）。⑤碳循环和其他生物地球化学循环：大气中CO_2、CH_4、N_2O浓度已经上升到过去80万年来的最高水平。CO_2浓度已经比工业革命前上升了40％，主要来自于化石燃料燃烧的排放，其次是由于土地利用变化的净排放。

全球气候变暖，将会给全球生物圈带来很大影响：第一，全球变暖导致海水膨胀、冰川融化、海平面上升、沿海等低地将被淹没，据预测，到2100年，全球平均温度将升高1.8～4℃，并将导致海平面升高18～59cm，例如南太平洋的一个小国图瓦卢从2002年被迫举国搬迁，正是由温室效应造成的海平面上升所致；第二，对农业生产也会产生影响，一方面适当的增加温度，有利于提高高纬度国家作物产量，但另一方面也会加剧低纬度国家的干旱。中国科学院院士秦大河表示，气候变暖会导致农业的减产，据估算，到2030年，我国三大作物（小麦、水稻、玉米）将会减产5％～10％，农业布局和结构发生变化，加剧病虫害的发生，增加农业成本；第三，将会改变整个生态圈内的水循环，导致水资源的不稳定性增加，水分供需矛盾增加。IPCC第四次报告曾指出，若全球平均气温上升4℃，全球将会有30多亿人面临缺水问题；第四，气温上升对生态环境也有显著影响，冰川分布范围缩小，全球雪线高度提高，热带范围扩大，旱涝、火灾等自然灾害趋于集中和频繁，以致于物种灭绝速度加快。

从长远来看，全球气候变暖将越来越不利于地球生物圈中各类生物的生存，因此我们应积极采取措施来应对气候变暖，例如，控制温室气体排放，减少二氧化碳等温室气体排放量，改进能源利用技术，提高利用效率，并采用新能源作为替代品；通过增加植树造林和固碳技术来降低大气中的温室气体浓度；培育高产低碳排放的农作物新品种，调整农业生产结构和布局；开展政府激励机制，积极开展对农田节能减排技术生态环境效应的综合监测，根据各技术模式对温室气体的减排效果和对土壤有机碳提升效果进行综合评价，参照国际上关于工业和林业的节能减排补偿机制进行补贴。

1.1.2　温室气体排放

气候变化主要来自于自然原因和人为原因两方面，自然原因包括太阳活动、大气环流、火山活动、地壳运动等；人为原因则包括CO_2、CH_4、

3

N_2O等温室气体的大量排放和森林的大量破坏。从长期来看，地球从太阳吸收的能量必须同地球及大气层向外散发的辐射能量相平衡。大气中的水蒸气、二氧化碳和其他微量气体（像甲烷、臭氧、氟利昂等）可以透过太阳的短波辐射，使地球表面升温，但其阻挡了地球表面向宇宙空间发射的长波辐射，这类气体有类似温室的效应，被称为"温室气体"。温室气体吸收长波辐射并再反射回地球，从而减少地球向外层空间的能量净排放，大气层和地球表面将变得热起来，这就是"温室效应"（图1-2）。大气中能产生温室效应的气体已经发现近30种，其中水汽是温室效应最强的温室气体，对温室效应有很强的反馈效应。虽然水汽的全球增温潜势是二氧化碳的两倍，但其大气水汽浓度取决于地表70%的海洋，受人为影响极小，因此在考虑温室气体排放时不考虑水汽。在所有温室气体中，二氧化碳是影响地球辐射平衡最主要的人为排放温室气体，有研究发现，自1860年以来，大气中二氧化碳浓度的增加与全球平均气温的升高比较吻合，证明温

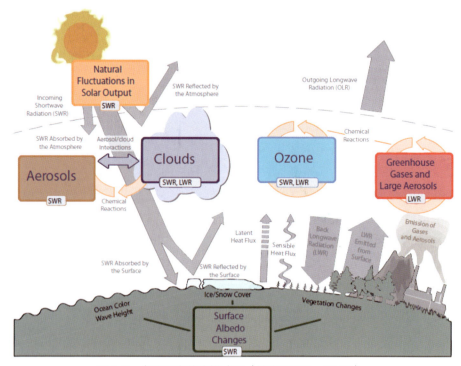

图1-2　全球温室效应模式图（摘自IPCC，2013）

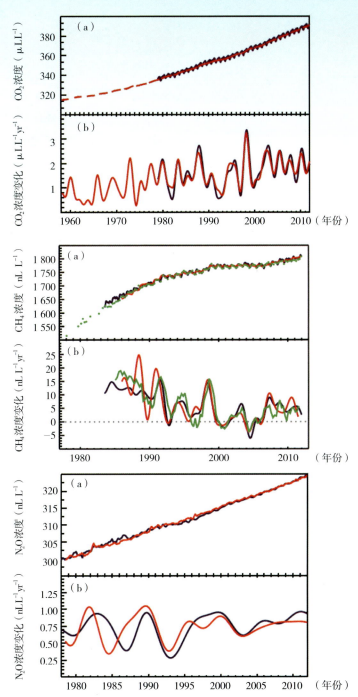

图1-3　大气中CO_2、CH_4和N_2O浓度及排放速率的历年变化趋势（摘自IPCC，2013）

室气体浓度提高是导致全球气温上升的一个重要原因。

人类活动主要通过影响温室气体排放进而影响气候变化。自20世纪以来，全球气候变暖一半以上是由人类活动造成的，IPCC第五次评估报告将这个事实的可信度从2007年的90％以上提高到了95％以上。大气中CO_2、CH_4、N_2O作为对全球温室效应贡献最大的三种气体，据IPCC（2013）统计数据显示（图1-3），2011年大气中CO_2、CH_4、N_2O的含量已经达到390.5 μL L^{-1}、1 803.2 nL L^{-1}、324.2 nL L^{-1}，分别比1750年提高了40％、150％、20％。在1951—2010年，温室气体导致地球表面平均温度上升了0.5～1.3℃（IPCC，2013）。人类工业化前的8 000年间，大气CO_2浓度仅增加了20 μL L^{-1}，几十年到几百年尺度上的变化小于10 μL L^{-1}，并且这种变化主要来源于自然过程。在过去的250年里，大气CO_2增加了100 μL L^{-1}，但自工业革命开始，大气中的CO_2由258～275 μL L^{-1}增长到了2005年的379 μL L^{-1}，大气中的CO_2浓度呈现明显的上升趋势。且数据显示，大气中的CO_2浓度第一次增加50 μL L^{-1}用了将近200年的时间，但第二次增加仅用了30年左右。据政府间气候变化专门委员会（IPCC，2013）的报告显示，自工业化以来，人为温室气体排放上升，导致大气中CO_2、CH_4、N_2O等温室气体浓度达到了过去80万年以来的最高水平。1750—2011年，人为累计排放CO_2达到了20 400亿t，其中近一半为近40年所排放。

在过去的1万年间，大气CH_4的浓度一直维持在580～730 nL L^{-1}，但近200年间大气中的CH_4浓度增加了约1 000 nL L^{-1}，也是迄今大气中CH_4浓度变化最快的一段时间。资料显示，在过去的1万年间N_2O的变化小于10 nL L^{-1}，然而在近几十年间，大气中的N_2O每年以0.8 nL L^{-1}的速度线性增加。

大气中温室气体浓度的升高引起太阳辐射增加，导致全球变暖的事实早在20世纪70年代就被科学家们所认识，且随着研究手段和方法的提高，科学家们对气候变暖的认知水平越来越高。气候变暖不仅仅是气温高低的问题，而是全球性的环境问题，更涉及人类社会生产、消费和生活方式及生存空间等各个领域，关系到全球的可持续发展。针对该问题，1990年12月联合国第45届大会决定设立政府间气候变化谈判委员会，且于1994年3月21日《联合国气候变化框架公约》正式生效；1997年12月11日，在日本京都召开的《联合国气候变化框架公约》缔约国第三次会议上，通过了旨在通过削减各国温室气体排放、遏制全球变暖的《京都议定书》，并于2005年2月16日正式生效；2009年12月7～18日在丹麦首都哥本哈根气候变化大会，并通过一份新的《哥本哈根议定书》，以明确关键问题之所在，各国减排之责任，就工业化国家的减排额要求，发展中国家如何控制排放和国际间协作达成了共识。

1.1.3 中国气候变化与温室气体排放

据我国《第三次气候变化国家评估报告》显示，受全球气候变化影响，我国的气候也发生了巨大变化：①温度变化。我国近百年（1909—2011年）来陆地区域平均增温0.9～1.5℃，近15年来气温上升趋缓，但当前仍处于百年来气温最高阶段。②降水变化。近百年和近60年全国平均降水量未见显著的趋势性变化，但区域分布差异明显，其中西部干旱、半干旱地区近30年来降水持续增加。③海平面变化和冰川冻土变化。中国沿海海平面1980—2012年上升速率为2.9 mm·a^{-1}，高于全球平均速率。20世纪70年代至21世纪初，冰川面积缩减约10.1%，冻土面积减少约18.6%。④极端气候事件变化。近50年来，我国主要极端天气与气候事件的频率和强度出现了明显变化。华北和东北地区干旱趋重，长江中下游地区和东南地区洪涝加重。高温、干旱、强降水等极端气候事件有频率增加、强度增大的趋势。未来100年极端天气与气候事件发生的频率可能性增大。报告预测，中国未来仍将面临持续增温、降水变多、海平面上升的趋势。到21世纪末，全国可能增温1.3～5.0℃，相比之下，全球平均水平为1.0～3.7℃；全国降水平均增幅为2%～5%，北方降水可能增加5%～15%，华南地区降水变化不显著；中国海区海平面到21世纪末将比20世纪高出0.4～0.6m。

全球气候变暖将进一步加剧自然生态系统和人类社会面临的环境风险，并产生新的风险。根据中国气象局的分析，气候变化和极端天气气候事件造成中国各地旱涝频发，改变了中国水资源的时空分布。另外，由于生态安全风险升级，海洋、海岸带、森林、草场等生态系统将受到严峻考验，且公众的健康安全风险也在加大，高温、干旱、洪涝、雾、霾等已经成为危害人类健康的重要因素。气候变化也对我国粮食生产产生了重大影响，

据统计，气候变暖使全国冬小麦、玉米和双季稻的平均单产分别减少5.8%、3.4%和1.9%；同时因水资源短缺，我国每年有1 800万～3 200万 hm^2 耕地受干旱影响，占播种面积的12%～22%，且受旱面积仍在不断增加。

20世纪中叶以来，中国的气候变暖幅度几乎是全球的两倍；21世纪以来，气象灾害造成的直接经济损失约相当于国内生产总值的1%，是同期全球平均水平的8倍。我国适应气候变化任务仍十分繁重。我们必须调整能源结构，以控制温室气体排放，保障气候安全。中国社会科学院城市发展与环境研究所所长潘家华指出，造成气候变化的直接因子就是 CO_2 等温室气体的排放。据统计，大气中 CO_2、CH_4 和 N_2O 的浓度至少已上升到过去80万年以来前所未有的水平，将造成地球持续增暖，并导致气候系统组成部分发生变化。气候专家表示，相对于1850年至1900年，21世纪末全球表面温度变化可能超过1.5℃，甚至有可能超过2℃。科学家们提出了2℃临界值（与工业化前水平相比的全球平均气温上升幅度维持在2℃以下），一旦温度增长的幅度超过了2℃，负面影响会明显地增加，人类会面临更大的风险。若气温升幅达到或超过4℃，不仅会导致大量濒危物种灭绝，发生影响大和范围广的极端气候事件的可能性也会大大增加。丁一汇等认为，以新的排放情景计算，如果全世界共同努力进行强有力的减排，温度上升可能不会超过2℃，至少在100年之内不会超过2℃。但是如果全世界不进行强有力的减排，或者只有采取中等力度的减排措施，可能在21世纪的后期就会超过2℃。

自工业革命以来，全球 CO_2 浓度增加了40%，主要是由于大量化石燃料的排放。然而中国是一个农业大国，拥有约1.33亿 hm^2 的农田。这些田地的种植、翻耕、施肥、灌溉等管理措施不仅长期改变着农田生态系统中的化学元素循环，而且给全球气候变化带来影响。农业生态系统中温室气体的产生是一个复杂过程。土壤中的有机质在气候、植被、土质及人为扰动的条件下，可分解为无机的碳和氮，无机碳在好氧条件下多以 CO_2 形式释放进入大气，在厌氧条件下则可生成 CH_4。无机铵态氮可在硝化菌作用下变成硝态氮，而硝态氮在反硝化菌作用下转换成多种状态的氮氧化合物，N_2O 可在硝化和反硝化过程中产生。在气候、植被、土质及农田管理诸条件中，任何一个因子的微小变化，都会改变 CO_2、CH_4 和 N_2O 的产生及排放。世界各地大量的定点观测表明，农田这些气体的排放在空间和时间上都存在很大的变异性。谭秋成等研究表明，2009年中国农业排放温室气体总计158 557.3万t CO_2当量，比1980年增长52.03%，年均增长1.46%。其中，CH_4占总排放的25%，N_2O占总排放的52%，CO_2占总排放的23%。

1.2 我国粮食主产区气候变化特征

1.2.1 东北一熟区气候变化特征

东北是我国粮食主产区，重要的商品粮生产基地，该地区属寒温带、中温带湿润（半湿润）气候，冬季气温低，≥10℃活动积温在2 000～3 000℃，夏季平均气温在20～25℃，全年降水80%集中的7～9月，日照充足。其水稻和玉米的播种面积分别占全国相应作物总播种面积的15%和30%左右。本文统计了1970—2010年东北三省72个气象观测站数据，分析比较了东北（黑龙江、吉林、辽宁）一熟区的气候变化特征，具体情况如下：

（1）作物生长季温度变化特征。比较东北三省气温变化情况发现（图1-4），1970—2010年东北一熟区作物生长季日平均温度、最高温度和最低温度均呈极显著上升趋势。40年来日平均气温为18.7℃，但自20世纪90年代以来，日平均温度均高于40年的平均值，表明近20年来东北一熟区（黑龙江、吉林、辽宁）日均温度增加显著，且每10年平均增加0.32℃。近40年来东北地区平均最高温度为24.6℃，每10年平均增加0.26℃，低于日平均气温的增加幅度。对于日均最低气温，东北三省近40年的平均最低温度为13.2℃，每10年平均增加0.43℃，增加幅度显著大于日平均气温和日最高气温，这说明东北地区增温主要受夜间增温影响，而白天增温幅度相对较小。近40年来东北一熟区作物生长季≥10℃的平均活动积温为2 830℃，整体呈上升趋势，且每10年平均增加约5.2℃（图1-4d）。

（2）温度绝对值空间变化特征。比较东北三省作物生长季温度的空间变化特征发现（图1-5），与1970年温度相比，2000年日平均温度（a）在黑龙江北部和辽宁西南部增加最高，增加了1.4℃；其次表现为东北西

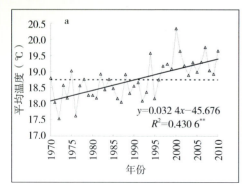
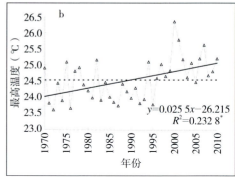
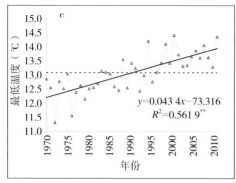
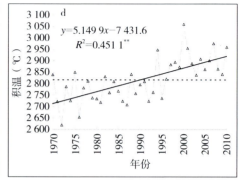

图1-4　东北一熟区作物生长季温度年际变化　（1970—2010年）

a. 日平均温度；b. 日最高温度；c. 日最低温度；d. ≥10℃平均积温。

（数据来源于国家气象局东北三省（包括黑龙江、吉林、辽宁）72个气象监测站1970—2010年的监测数据）

部地区，增加幅度达到1.2℃；中部和东部增加幅度在0.8和0.6℃左右。2000年较1970年日平均温度在黑龙江北部和辽宁西南部增加最高，增加了1.4℃；东北西部地区增加幅度达到1.2℃；中部和东部增加分别大于0.8℃和0.6℃。日最高温度增温幅度大于0.9℃的区域约1/2，黑龙江北部和辽宁西南增温最显著，大于1.3℃，黑龙江东北部、整个辽宁和吉林西南年增温都超过0.9℃；其他区域增温约0.7℃，其中黑龙江和吉林的东部地区增温最低，分别为0.3℃和0.1℃。总体来看，最高温度主要是南部地区增加明显，中部地区和东部地区相对较小。日最低温度以黑龙江大部分地区和吉林西部及辽宁西南部增温超过1.5℃，增温最低的黑龙江东北部、吉林南部和辽宁北部温度增加也超过0.9℃。≥10℃的有效积温增加趋势与日平均温度增温趋势有地域的相似性。整个东北地区从东西方向上分，西部增加最剧，最大的区域均为黑龙江西北，其次是辽宁西南、黑龙江和吉林的西部，增加超过205℃。从西向东，增加幅度递减，每年分别增加达175℃、145℃和115℃以上。

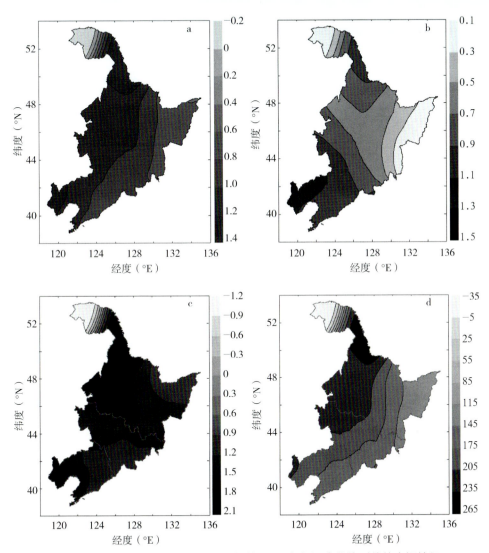

图1-5　东北三省水稻生长季2000年较1970年气温变化绝对值的空间特征

a. 日平均温度，b. 日最高温度，c. 日最低温度，d. ≥10℃的有效积温。

（数据来源于国家气象局东北72个气象监测站1970—2010年的监测数据）

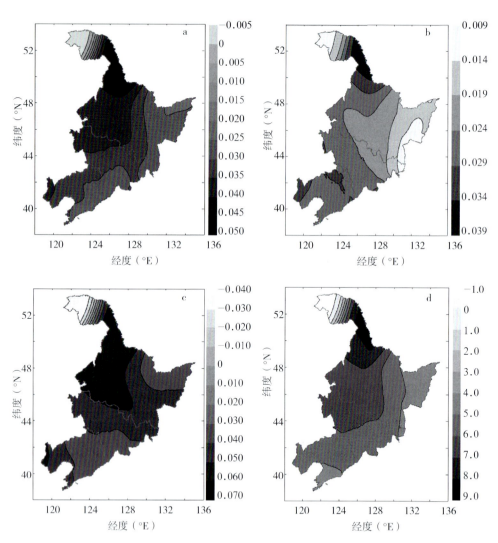

（3）温度变化趋势空间分布。1970—2010年东北三省作物生长季温度变化趋势见图1-6。从东西方向而言，东北地区西部的日平均温度增温趋势每年大于0.035℃，中部增温趋势每年大于0.03℃，东部增温趋势每年大于0.025℃。日最高温度一半地区增温幅度每年大于0.024℃，主要分布在东

图1-6　1970—2010年东北三省水稻生长季气温变化趋势的空间特征

a. 日平均温度，b. 日最高温度，c. 日最低温度，d. ≥10℃的有效积温。
（数据来源于国家气象局东北72个气象监测站1970—2010年的监测数据）

北的西部，中部和东北部增温幅度每年也在0.019℃和0.014℃以上。日最低温度增温趋势，黑龙江西部和吉林西部及辽宁西南部增温趋势每年大于0.060℃，黑龙江东北部、吉林南部和辽宁北部的增温趋势每年大于0.020℃，剩下的区域增温趋势每年大于0.050℃，日最低温度变化趋势上以北部趋势较为明显。≥10℃的有效积温增加趋势和日平均温度类似，增加趋势每年超过60℃。整个东北地区从东西方向上分，西部增加最大，最高值区域均为黑龙江西北，其次是黑龙江和吉林的西部，增加趋势每年大于6.0℃。从西向东，增加趋势递减，每年分别大于5.0℃和4.0℃，辽宁东南增温趋势每年大于3.0℃。整体上增温趋势呈西部大于东部，北部大于南部。

（4）日照时数、降水量与降水日数时间变化特征。1970—2010年东北三省作物生长季日照时数、降雨日数和日降水量变化特征如图1-7所示，

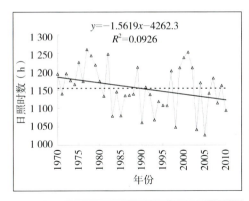
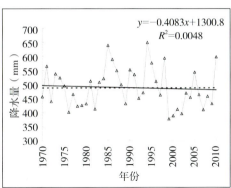
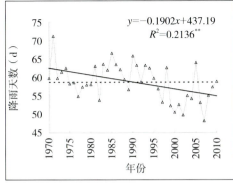
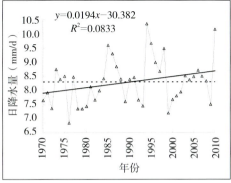

图1-7　水稻生长季日照时数、降水量、降雨日数、日降水量年际变化（1970—2010年）

[数据来源于国家气象局东北72个气象监测站1970—2010年的监测数据（包括黑龙江、吉林、辽宁）]

1970—2010年，该地区平均日照时数均呈下降趋势，平均每年减少1.6h；近40年来平均日照时数为1 158h。其中，日照时数以黑龙江最高，辽宁次之，吉林最低。水稻生长季日照时数减少幅度以黑龙江最小，辽宁次之，吉林减少幅度最大。关于该地区降雨日数，统计发现，近40年作物生长季的平均降雨日数为59.0d，整体呈现下降趋势，每10年以1.9d的幅度下降。降雨日数以吉林最多，黑龙江次之，辽宁最少；减少幅度以黑龙江减少最小，吉林次之，辽宁减少幅度最大。日降水量整体呈上升趋势，每10年增加约0.19mm·d⁻¹，近40年平均日降水量为8.3mm·d⁻¹，其中日降水量以黑龙江最少，吉林次之，辽宁最多；日降水量增加的主要原因是降水总量变化不大，而降水日数减少显著，可以看出东北地区强降水的天数有所增加，降水的集中程度更高，这也反映了气候变化对降水的影响。

（5）日照时数和降水量与降水日数变化的绝对值空间分布。东北三省作物生长季日照时数、总降水量、降雨日数与日降水量绝对值变化的空间分布如图1-8所示。与20世纪70年代相比，21世纪的日照时数只在极少数地区是增加的，包括黑龙江东北、西北边缘和吉林东部边缘；剩下的东北地区日照时数均为减少的，其中在黑龙江西南和吉林的西部日照时数下降最多，高达110h；其他地区日照时数下降在80～50h。总降水量整体呈下降趋势，仅黑龙江西北边缘、西部东部和吉林东部极少范围内总降水量呈增加趋势，增幅在50mm内。大部分地区呈减少趋势，吉林整体和黑龙江东北部减少最大，尤其是吉林南部，减少在85mm之上。其余地区减少值在25mm上下波动。降雨日数变化的空间分布与总降水量较为相似，整体呈下降趋势，黑龙江西北边缘、西部和东部及吉林东部等地区降幅最低（减少值约为2～4d），大部分地区减少在4～6d，主要是黑龙江和吉林的大部分地区，而黑龙江东北和辽宁尤其是吉林南部减少最多，减少天数可达10d。日平均降水量在黑龙江西北边缘和东南部及吉林东部增加最多，尤其是黑龙江东南部极少范围内增加最大值可达到1.1mm。整个东北地区大部分日降水量增加都在0.1mm以上。在吉林西部和辽宁西南部日降水量出现减少，减少最大值是0.7mm。

（6）日照时数和降水量与降水日数变化趋势空间分布。1970—2010年东北三省作物生长季日照时数、总降水量、降雨日数和日平均降水量变化

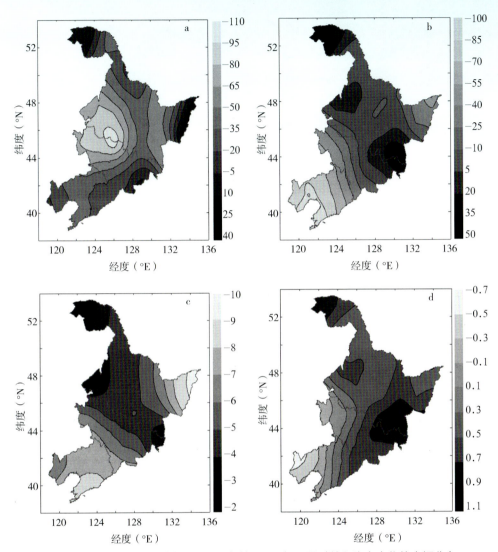

图1-8　东北三省作物生长季2000年较1970年日照时数和降水变化的空间分布

a.日照时数，b.降水量，c.降雨日数，d.日降水量。

（数据来源于国家气象局东北72个气象监测站1970—2010年的监测数据）

趋势的空间分布如图1-9所示。日照时数只在极少地区呈增加趋势，主要在黑龙江西北和东部增加趋较大，每年增加0.5h以上，其中最大增加趋势每年可达到2.0h。大部分地区日照时数呈下降趋势，在黑龙江西南和吉林西部日照时数减少趋势最大，每年减少高达3.5h。而对于整个东部地区，大

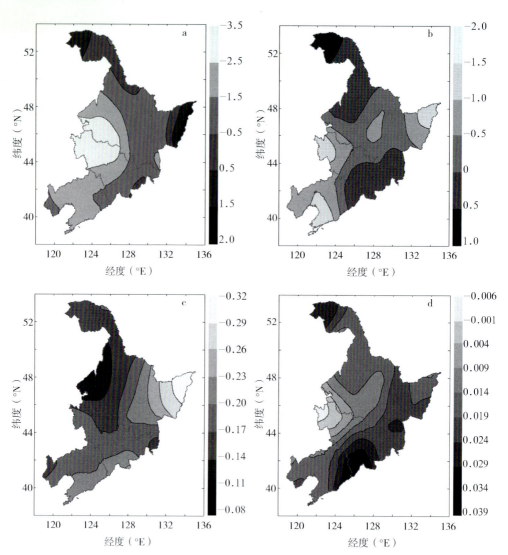

图1-9　1970—2010年东北三省作物生长季日照时数和降雨变化趋势的空间分布
a. 日照时数，b. 降水量，c. 降雨日数，d. 日降水量。
（数据来源于国家气象局东北72个气象监测站1970—2010年的监测数据）

范围的日照时数减少趋势在0.5～2.5h·a⁻¹。总降水量约在东北1/3地区呈增加趋势，主要在黑龙江西北部、东南部和吉林东部及辽宁东北部，最大增加趋势可达到1.0mm·a⁻¹，最大增加趋势只在黑龙江西北边缘的非水稻种植区。中部地区的1/2下降趋势在0.5mm·a⁻¹之内，在黑龙江东北部、吉林西部和吉林东南呈现出最大的下降趋势，最大每年下降2.0mm。降雨日数在整个东北地区均呈下降趋势，最小下降趋势出现在黑龙江西部，每年最大减少0.11d。其次是黑龙江西部，每年最多减少0.14d。东北地区大部分地区的降雨日数减少在0.14～0.20d，主要是东北地区的西部及黑龙江东南和吉林东北。降雨日数减少最大的地区是黑龙江东北部，每年最大减少0.32d。日降水量在东北绝大部分呈增加趋势，仅在吉林最西部少范围内出现下降趋势，且下降趋势也很小，每年下降最大值为0.006mm。而日降水量增加趋势最大的区域是黑龙江西部边缘非水稻种植区和吉林东南、辽宁东北，每年增加最大值可达0.039mm。其他地区每年增加值为0.019mm左右。

（7）理论播种期、理论收获期和理论生育期。1970—2010年东北地区理论播种期均呈提前趋势（图1-10）。每10年提前了约2.1d，且以吉林的

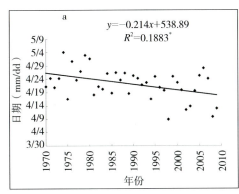

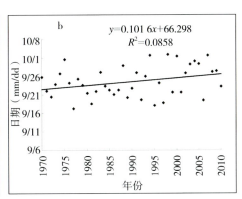

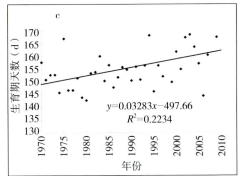

图1-10　气候变暖下东北作物全生育期变化趋势（1970—2010年）

a. 播种期，b. 收获期，c. 生育期。

（数据来源于国家气象局东北72个气象监测站1970—2010年的监测数据）

水稻播种期提前最多，其次是辽宁，黑龙江水稻播种期提前最少。关于理论收获期，则均呈现推迟趋势，平均每10年推迟1.0d。以辽宁的理论收获期推迟最显著，其次是吉林，黑龙江收获期推迟较少。理论生育期时间也呈现延长趋势，平均每10年延长了约3.3d，且以辽宁的理论生育期延长最大，吉林次之，黑龙江延长的趋势最小。这与气候变暖下东北理论播种期和收获期有一致的相关性，黑龙江作物播种期提前最少，收获期推迟最少，即表现为可生育时间延长趋势最小。辽宁和吉林播种期和收获期的理论推算提前与推迟趋势均大于黑龙江，所以可生育时间延长的趋势均高于黑龙江。温度的上升在时间上解除了作物生长的低温限制，导致生育时间上的延长。

（8）理论播种期与收获期和生育时间空间分布特征。20世纪70年代东北三省作物理论播种期最早是在辽宁南部，向北逐步后移。21世纪东北三省作物理论播种期比20世纪70年代整体提前，理论收获期则比20世纪70年代有所推迟（图1-11）。辽宁南部和北部理论收获期较20世纪70年代可推迟6d左右，吉林西部和东南部大部分地区理论收获期可推迟5d左右。20世纪70年代理论生育时间最长为180d左右，在辽宁南部。21世纪理论生育时间最长可达190d，辽宁平均生育时间是180d左右，最短150～160d。东北三省作物理论生育时间变化的空间分布各区21世纪比20世纪

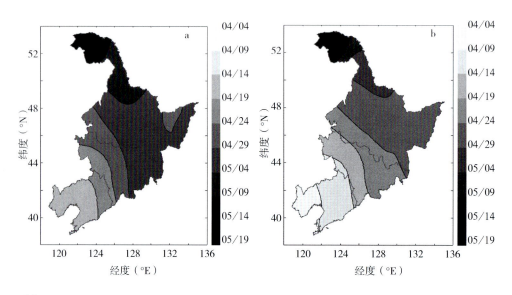

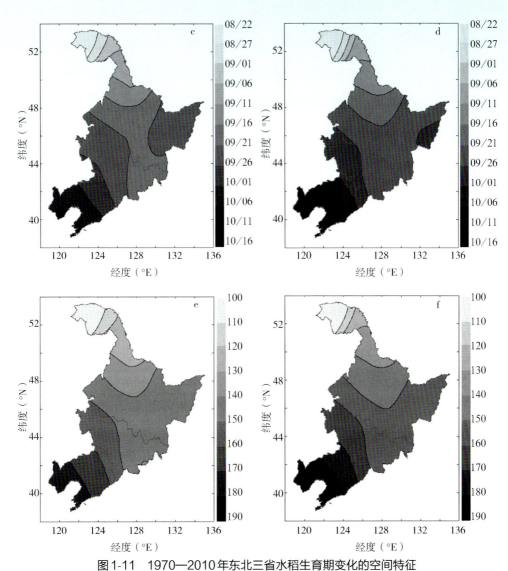

图1-11 1970—2010年东北三省水稻生育期变化的空间特征

1970年（a,c,e），2000年（b,d,f），其中a、b为播种期；c、d为收获期；e、f为生育期。
（数据来源于国家气象局东北72个气象监测站1970—2010年的监测数据）

70年代均延长10d左右。

1.2.2 北方两熟区气候变化特征

随着气温和CO_2浓度的升高以及气候变暖背景下的降水的改变，将对农

业生产带来极大的影响。全球地表温度从1995—2006年以0.13℃·decade⁻¹的速度升高，在未来气温升高趋势仍将加大。温度升高带来的降水的变化在部分地区已经影响了作物产量。在中国，在过去50年地表气温已经升高了1.1℃，并且60%的升温幅度发生在近16年。气候变暖使华北平原≥0℃和≥10℃积温呈整体增加趋势，降水量和日照时数呈下降趋势。北方两熟区作为我国粮食主产区之一，温度和降水的变化均会影响作物的生长发育、生育进程和时空布局，从而改变该地区的种植制度和耕作制度。因此，评估气候变暖背景下我国北方两熟区作物的生产对于粮食安全具有重要意义。本文依据13个省市174个气象观测站的1989—2009年气象数据，以冬小麦为例，对近20年间北方两熟区冬小麦生长周期内的日平均气温、日最高气温、日最低气温、日降水量及日照时数变化规律和空间分布特征进行比较分析，结果如下：

（1）温度变化。1989—2009年全区域冬小麦生长季气温显著升高。由图1-12可以看出，全区域冬小麦生长季日平均气温、日最高气温和日最低气温分别以0.67℃·decade⁻¹、0.55℃·decade⁻¹和0.52℃·decade⁻¹的速度增加，皆达到极显著水平（$P < 0.05$）。

根据区域内空间分布图，1989—2009年区域内气温显著升高。图1-13a显示，区域内日平均气温显著升高了0.4～0.8℃·decade⁻¹，局部地区升高了1.2℃·decade⁻¹；日最高气温在湖北西部和东南部、安徽西南部、山西南部和甘肃东南部升高幅度较大，为1.2～1.6℃·decade⁻¹，山东、河北、北京和天津升高幅度较小，约0.4℃·decade⁻¹，余下地区升高幅度为0.4～0.8℃·decade⁻¹（图1-13b）；日

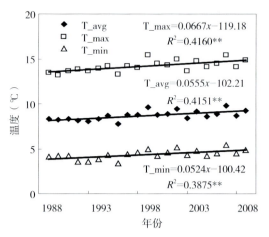

图1-12　全区域冬小麦全生长季日平均气温（T_avg）、日最高气温（T_max）和日最低气温（T_min）年际变化（1989—2009年）

（数据来源于中国气象数据网）

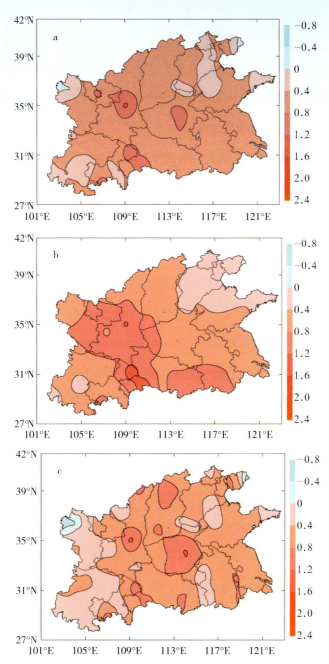

图1-13　全区域冬小麦全生长季日平均气温（a）、日最高气温（b）和日最低气温（c）空
间变化（1989—2009年）

（数据来源于中国气象数据网）

最低气温在大部分区域升高约0.4 ~ 0.8℃ · decade^{-1}，但甘肃东南部、四川东部和重庆升高幅度较小（图1-13c）。

全区域冬小麦生长季降水量和日照时数均呈下降趋势，1989—2009年分别以22.6mm · decade^{-1}和5.5h · decade^{-1}的速度下降，但不显著（图

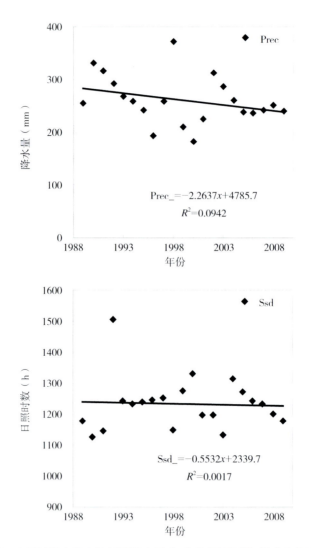

图1-14　全区域冬小麦全生长季降水量（a）和日照时数（b）年际变化特征
（1989—2009年）

（数据来源于中国气象数据网）

1-14）。根据空间分析，1989—2009年区域内冬小麦生长季降水量呈下降趋势，下降幅度由西北至东南递增（图1-15a）；日照时数变化趋势区域差异明显，在华北平原呈下降趋势，但在西部和东南地区呈升高趋势，以山西南部和甘肃东南部最大，1989—2009年约增加了75～125h·decade^{-1}（图

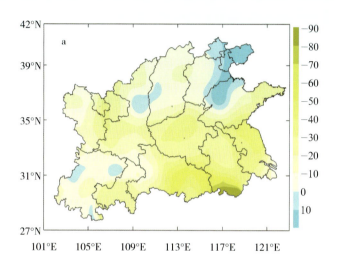

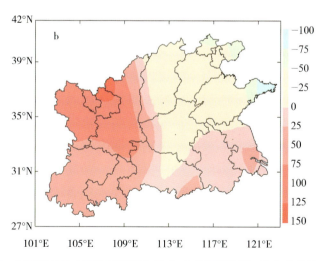

图1-15　全区域内冬小麦生长季降水量（a）和日照时数（b）变化的空间分布
（1989—2009年）

（数据来源于中国气象数据网）

1-15b）。

（2）气候变化对生育期的影响。根据活动积温法推算（图1-16），1989—2009年，全区域冬小麦播种期以0.8d·decade^{-1}的速度推迟，但开花期和成熟期分别以4.1d·decade^{-1}和5.1d·decade^{-1}的速度提前，且差异达到极显著水平（$P < 0.01$）。相应地，冬小麦花前、花后和全生育期长度以6.0d·decade^{-1}、0.05d·decade^{-1}和6.0d·decade^{-1}的速度缩短，其中，花前和全生育期长度极显著缩短。根据区域分析，1989—2009年冬小麦播种至抽穗和播种至成熟生育期长度变化趋势基本一致，在大部分地区缩短4～6d·decade^{-1}，抽穗至成熟生育期长度由东南至西北呈轻微延长趋势，其中安徽西部、湖北南部和四川、甘肃、山西交界处约延长0.5～1.0d·decade^{-1}（图1-17）。可见，近20年气候变暖主要缩短了花前生育期长度，花后生育期天数几乎没有变化。

与区域内气候变暖趋势一致，冬小麦光温生产潜力呈增加趋势。全区域内冬小麦光温生产潜力以每年71.7kg·hm^{-2}的速度极显著增加（$P < 0.01$）。通过空间变化发现，1989—2009年区域内冬小麦光温生产潜力增加幅度呈由东向西递增趋势，但大部分地区增加幅度为每年60～90kg·hm^{-2}，以甘肃东南部最高，每年超过120kg·hm^{-2}（图1-18）。

历史数据显示，1989—2009年该区域小麦生长季日平均气温、日最高气温和日最低气温呈增加趋势，且各地区温度升高幅度不尽一致；降水量和日照时数均呈下降趋势。我国北方冬小麦主产区气候变暖趋势越来越明显，气温升高带来的降水量减少将使区域内灌溉用水量增加，加剧该地区农业用水紧缺的问题。同时，气候变化将导致作物生育期和光温生产潜力发生改变，该区域冬小麦播种期推迟，但开花期和成熟期提前导致小麦花前、花后和全生育期长度缩短，尤其是花前和全生育期长度明显缩短。近20年气候变暖加剧了对冬小麦生育期的影响，虽然其增加了冬小麦的光温生产潜力，但太阳辐射量的减少可能会给冬小麦的光温生产潜力带来负面影响，最终使冬小麦光温生产潜力波动上升。气候变化虽有利于我国冬小麦的生产和种植制度的变化，但冬小麦所面临的农业气象灾害也将更加复杂，如干旱、穗分化期的冷害和干热风等，降低了冬小麦生产的稳定性。

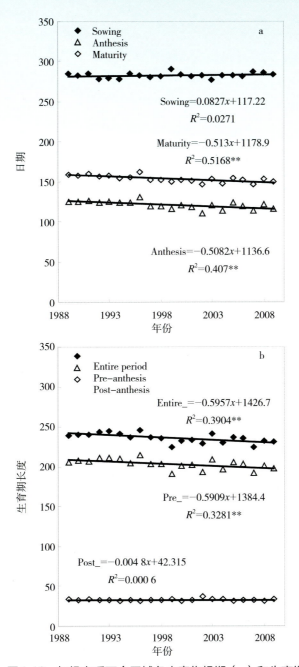

图1-16　气候变暖下全区域冬小麦物候期（a）和生育期
　　　　长度（b）的理论推算（1989—2009年）

（数据来源于中国气象数据网）

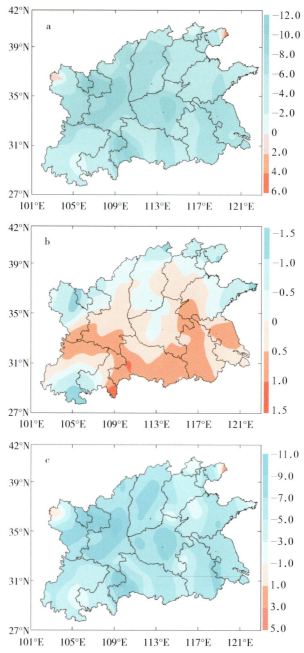

图1-17　气候变暖背景下全区域冬小麦播种—抽穗（a）、抽穗—成熟（b）和播种—成熟
（c）生育期长度空间变化特征（1989—2009年）

（数据来源于中国气象数据网）

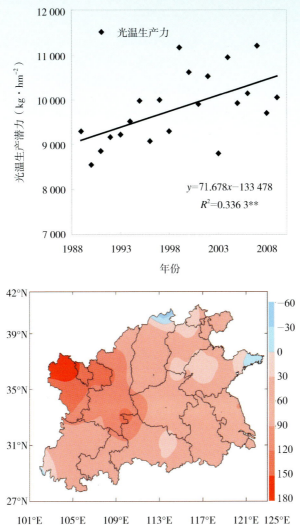

图1-18　全区域冬小麦光温生产潜力年际变化及其变率空间变化特征（1989—2009年）

（$n=20$）

（数据来源于中国气象数据网）

1.2.3　南方稻作区气候变化特征

全球气候变化对粮食生产的影响已引起国内外的广泛关注，而水稻生产对气候变暖的响应也逐渐成为学术热点问题。IPCC第5次评估报告指出，

1951—2010年全球平均温度升高了0.9℃（0.5～1.3℃）。在气候变暖背景下，北半球特别是温带地区温度生长季明显延长；而作物实际生育期出现缩短现象。我国南方地区水稻种植面积占全国的83.52%，是中国种植格局多元、种植模式多样、品种配置复杂的粮食主产区，在中国水稻生产中具有重要地位。气候变化引起的光、温、水及极端天气等环境因素的变化影响了水稻生产。本文对南方各稻区气候变化特征进行了比较分析，如下：

（1）生育期。石全红等统计了我国南方稻区（除了西南、华南外）水稻的生育期特性（表1-1），同时比较了1980—2010年我国南方稻区（包括湖北、湖南、江西、江苏、安徽、浙江、福建、河南）等8省的气象资料，分析了我国南方稻区气候变化特点，其中一季稻样本点42个，双季稻样本点34个。

表1-1　南方稻区各省份水稻播种日期和收获日期

省份	早 稻		中 稻		晚 稻	
	播种日期	收获日期	播种日期	收获日期	播种日期	收获日期
安徽	4-1	7-20	5-10	10-15	6-20	10-25
湖南	3-15	7-14	5-15	9-30	6-21	10-23
湖北	3-25	7-15	5-1	9-20	6-15	10-23
福建	3-16	7-14	5-14	9-23	6-21	10-23
浙江	3-20	7-20	5-20	10-5	6-12	10-25
江西	3-15	7-14	5-15	9-30	6-21	10-23
江苏			5-10	10-15		
河南			4-26	9-13		

注：数据来源于石全红等（2012）。

受全球气候变暖的影响，南方稻区气候也发生了较大变化(表1-2)。除年降水量稍有降低外，其他气候因子均发生显著变化，进入21世纪后这种变化尤为突出。主要有以下几点：①大气平均温度呈显著上升趋势，1980—1989年平均气温为16.62℃，但2000—2010年气温则显著上升了1.08℃，且以每10年0.36℃的幅度增加。②太阳辐射总量整体呈下降趋势，20世纪80年代年均太阳辐射量为5 203.0MJ m^{-2}，20世纪90年代、21世纪太阳辐射总量基本维持在5 140～5 150MJ m^{-2}。③ 空气相对湿度和平均风速均呈下降趋势，且以21世纪的下降幅度最大，与90年代相比，空气相对湿度降低了约2.72%。④极端气象灾害发生频率增加，统计发现，南方稻区年极端高温天数显著增加，20世纪80年代年均日最高温≥35℃的天数仅为13.93，90年代为17.45d，但进入21世纪后，与90年代相比，增幅则达到了36.8%；日均温≥30℃的天数变化趋势与此一致，且以每10年2.89d的幅度增加。

表1-2　1980—2010年南方稻区气候变化特点

气象因子	1980—1989年	1990—1999年	2000—2010年
平均气温（℃）	16.62 c	17.23 b	17.70 a
太阳辐射（MJ m^{-2}）	5 202.95 a	5 140.90 b	5 150.30 b
年降水量（mm）	1 356.71 a	1 372.37 a	1 313.42 a
相对湿度（%）	77.84 b	77.34 b	74.62 a
日最高温≥35℃天数（d）	13.93 b	17.45 b	23.88 a
日均温≥30℃天数（d）	12.22 bc	16.06 ab	20.90 a

注：数据来源于石全红等(2012)。

（2）积温。对我国南方中国南方15个省、市、自治区（江苏、浙江、安徽、湖北、湖南、四川、重庆、云南、贵州、广西、广东、海南、福建、江西和上海）共281个站点1950—2007年的平均气温、最低气温和降水量进行了统计比较（图1-19），从图中可以看出，中国南方地区≥0℃积温空间整体呈由东南向西北方向递减的趋势，在时间尺度上呈现上升趋势；≥10℃积温空间分布特征为由东南向西北方向递减的趋势，在时间尺度上表现为上升趋势，这些气候变化特征为种植北界北移提供了热量上的保证。另外，南方地区年降水量的变化趋势与热量变化趋势相同，空间上表现为由东南向西北方向递减的趋势，且不同区域差异较大。总体而言，全球气候变化背景下，中国南方地区各气象要素也发生了变化。其中，≥0℃和≥10℃积温空间上呈现由东南向西北方向递减的趋势，在时间尺度上表现为上升趋势。年降水量的变化趋势与温度相同，即由东南向西北方向递减，

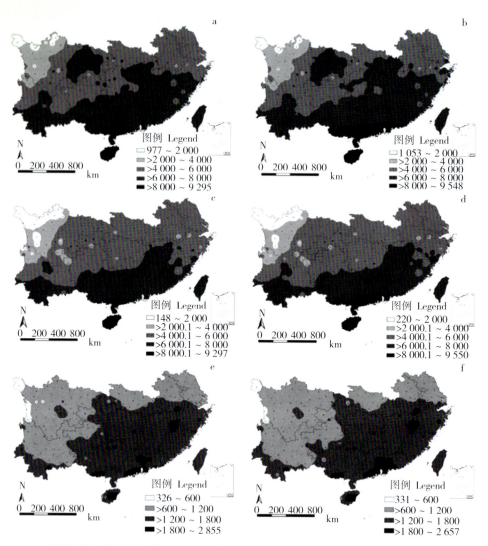

图1-19 南方地区1950—2007年≥0℃积温(a,b)、≥10℃积温(c,d)和
降水量(e,f)的分布特征

a, c, e: 1950—1980年平均值；b, d, f: 1981—2007年平均值。

（摘自赵锦等，2010）

且区域间变化差异较大，总体略有上升。

根据之前的统计结果，分析南方稻区在气候变化背景下，种植制度一级区界限的变化（图1-20）。从图中可以看出，Ⅵ区表示的黄淮海地区水浇地二熟与旱地二熟一熟区（图中仅显示该区域南部），其南界平均向北移动了约81 km；Ⅷ区表示的江淮平原丘陵麦稻二熟区整体向北推移，北界平均向北移动了约81 km，其南界平均向北移动了约64 km，区域总面积扩大；Ⅸ区表示的四川盆地水旱二熟三熟区北界在四川东北部向南移约0.10个纬度；Ⅶ区表示的西南高原山地水田二熟旱地二熟一熟区，其西界变化较小，仅向西推进了约0.02个纬度，东南界在湖南西北部和湖北北部平均向西推进0.14个纬度，而由于Ⅸ区面积缩小，Ⅶ区面积变化不大；Ⅹ区表示的长江中下游平原丘陵水田三熟二熟区，北界平均向北移动了约64 km，包括了安徽东部、江苏南部、浙江北部和上海，南界无明显变化，仅平均向北移动了约20 km，其西界也平均向西推进了约21km，区域总面积扩大；Ⅺ区表示的华南晚三熟二熟与热三熟区，其北界平均向北移动了约20 km，区域面积扩大。

图1-20 种植制度一级区界限变化

〔Ⅵ：黄淮海地区水浇地二熟与旱地二熟一熟区；Ⅶ：西南高原山地水田二熟旱地二熟一熟区；Ⅷ：江淮平原丘陵麦稻二熟区；Ⅸ：四川盆地水旱二熟三熟区；Ⅹ：长江中下游平原丘陵水田三熟二熟区；Ⅺ：华南晚三熟二熟与热三熟区（熟制划分类型参照刘巽浩，1987）〕

（摘自赵锦等，2010）

（3）高、低温灾害。气候变暖显著影响了水稻生育期内的温度变化（图1-21），从图中可以看出，双季早稻生育期内灾害发生频率最高的是秧田期低温，发生频率高达95.4％，其次为灌浆–成熟期高温和孕穗–抽穗期高温，发生频率分别为55.4％和28.8％，孕穗–抽穗期低温发生频率仅为12.1％，而灌浆–成熟期没有低温灾害发生。双季晚稻生育期内，孕穗–抽穗期和灌浆–成熟期的低温发生频率远远高于双季早稻和单季稻，分别为44.6％和60.4％，但在孕穗–抽穗期和灌浆–成熟期内其高温发生频率均较低，分别为20.0％和8.3％，秧田期没有低温灾害发生。单季稻生育期内，孕穗–抽穗期和灌浆–成熟期的高温发生频率分别为59.6％和49.2％，远高于其他生育阶段的低温发生频率。1981—2010年，单季稻孕穗–抽穗期的高温发生频率分别较双季早稻和双季晚稻高30.83％和39.58％；双季晚稻孕穗–抽穗期的低温发生频率分别较双季早稻和单季稻高32.5％和38.33％。

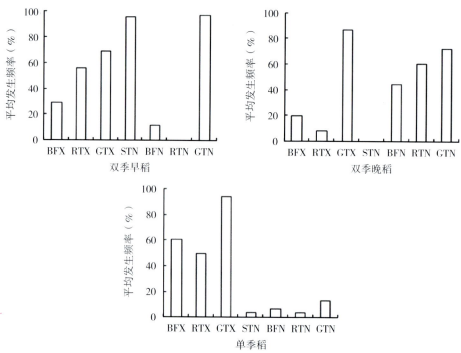

图1-21　1981—2010年单双季稻生育期内不同灾害的发生频率

（BFX：孕穗—抽穗期高温　RTX：灌浆—成熟期高温　GTX：生育期的高温　STN：秧田期低温
BFN：孕穗—抽穗期低温　RTN：灌浆—成熟期低温　GTN：生育期的低温）

（摘自李勇，2013）

（4）生长季可利用率。气候变化对水稻的潜在生长季长度也存在显著影响（图1-22），从图中可以看出，南方稻作区水稻潜在生长季长度单、双季稻种植区的分布特征不同，水稻潜在生长季长度在双季稻种植区纬向分布特征明显，随纬度的增加逐渐减小；在单稻种植区垂直分布特征较明显，随海拔的升高逐渐减小。且1951—1980年、1981—2010年的年均水稻潜在生长季长度<210d（一熟二熟）的面积呈明显缩小的趋势；>210d（二熟三熟制）的面积呈显著增加的趋势；且双季稻种植区水稻潜在生长季均高于单季稻种植区；多熟种植的面积呈北进西扩的特征；南方稻作区1951—1980年水稻潜在生长季长度呈减少趋势，1981—2010年呈增加趋势；单季稻种植区水稻潜在生长季长度平均气温倾向率高于双季稻种植区。

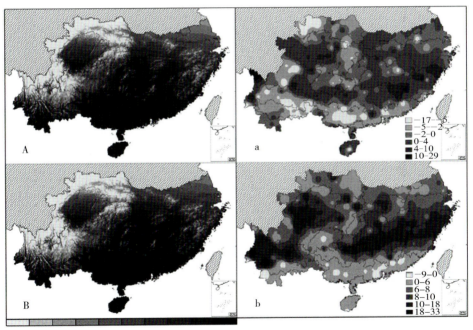

0　　180　190　200　210　220　230　240　250　260　365　d

图1-22　南方稻作区1951—1980年、1981—2010年水稻潜在生长季长度的空间分（A、B）及变化趋势（a、b）

（摘自叶清等，2013）

南方各稻区水稻从播种到成熟所需的生育期天数的空间分布特征（图1-23），如下：①稻区南方稻作区麦稻两熟典型种植模式以小麦＋杂交稻为

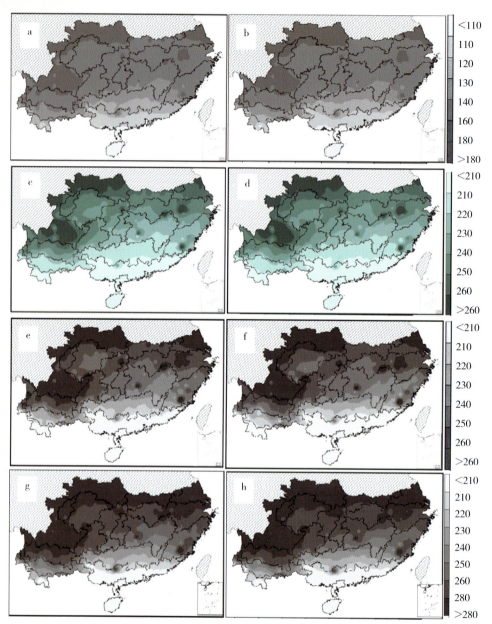

图1-23 南方稻作区1951—1980年、1981—2010年麦稻两熟（a,b）、早三熟（c,d）、中三熟（e,f）和晚三熟（g,h）种植模式下水稻理论生长季长度空间分布

（摘自叶清等，2013）

主，从图中可以看出，南方稻作区麦稻两熟水稻生育期呈由南向北逐渐递增的特征，纬度越小麦稻两熟水稻所需要的理论生长季天数越短，纬度越大理论生长季天数则越长；②南方稻作区早三熟典型种植模式以早大麦＋中熟早籼＋中粳为主，该地区南方稻作区1951—2010年早三熟水稻理论生长季，由南向北逐渐增大，呈北移西扩特征，其中以＜210d北移最明显；③南方稻作区中三熟的典型种植模式以中熟大麦/中熟油菜＋迟熟早籼＋杂交稻为主，该地区水稻理论生长季长度由北向南逐渐减小，在气候变暖背景下中三熟理论生长季在逐渐缩短，可种植中三熟的区域和面积在增加；④南方稻作区晚三熟典型种植模式以小麦＋杂交稻＋杂交稻为主，该地区水稻理论生长季天数均呈由南向北逐渐增加的趋势，在气候变暖背景下该种植模式水稻理论生长季逐渐缩短，缩短的天数随纬度的增加而增加，可种植晚三熟的面积在增加。

1.3　气候变化对我国粮食主产区作物生产的影响

1.3.1　东北一熟区水稻生产变化

本文以水稻为例，分析了东北一熟区水稻生产与气候变化的关系。

（1）播种面积、产量和单产变化特征。1973—2009年东北三省水稻总产与面积的年际变化特征是整体呈上升趋势（图1-24）。黑龙江水稻总产和总面积均增加幅度最大，尤其是1990年后增幅更大。水稻单产水平整体呈上升趋势，于2004年单产平均达到7 262.3kg·hm^{-2}，但近几年，单产水平并未增加，甚至有所降低。东北三省水稻总产量的增加，一方面是由于各地区品种改良和农艺措施的改进导致水稻单产的大幅提升，另一方面是由于黑龙江水稻播种面积增加所致，尤其在近几年单产停滞不前的情况下。气候变暖为黑龙江水稻种植面积增加提供了必要的热量资源，另外，较高的经济效益也是推动水稻种植面积扩大的原因之一。

（2）总产量、播种面积和单产空间分布特征。东北三省水稻总产量1980年与2010年变化的空间特征见图1-25。总产量变化的空间特征与东北三省水稻播种面积1980年与2010年变化的空间特征相似。1980年水稻总产量主要集中在吉林中部、辽宁中部和东南部。水稻主产区2010年

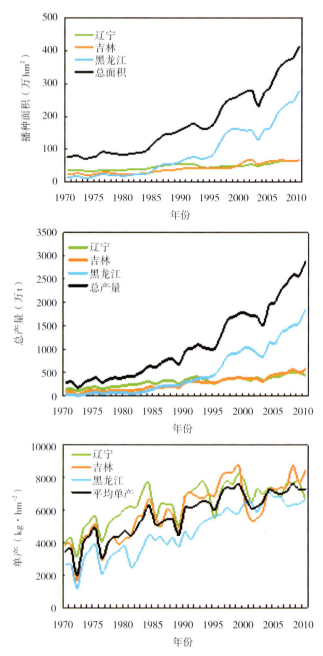

图1-24 东北三省水稻总产(a)、播种面积(b)与单产（c）的
年际变化特征（1970—2010年）

（数据来源于国家统计局）

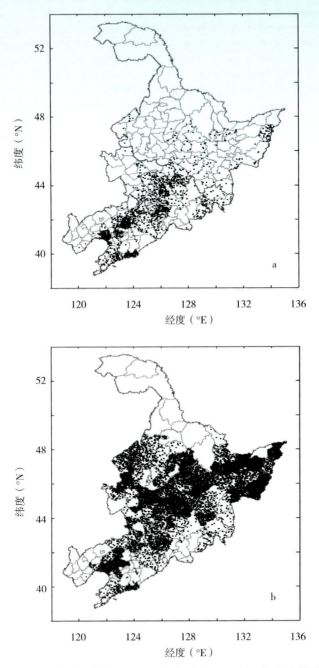

图1-25　东北三省水稻总产量1980年（a）与2010年（b）变化的空间特征

（数据来源于国家种植业信息网）

的总产量与1980年相比，黑龙江的产量增加最大，尤其是黑龙江的三江平原及其西部地区。增加最大的是富锦市，2010年比1980年总产量增加30.9×10^4t。减少最大的是沈阳市，2010年比1980年总产量减少6.4×10^4t。

与1980年相比，2010年黑龙江水稻种植面积增加较多，尤其是黑龙江的三江平原地区及其西部地区（图1-26）。黑龙江播种面积的大幅增加，主要是近年新增市县的水稻播种面积有所加大。吉林种植面积减少最多，是因为吉林许多市县不再或很少种植水稻，改种玉米。东北三省水稻总产量1980年与2010年变化的空间特征与东北三省水稻播种面积1980年和2010年变化的空间特征相似。2010年总产量除了1980年吉林和辽宁的中部及东南部主产区产量增加，黑龙江的产量增加最大，尤其是黑龙江的三江平原及其西部地区。

据各省统计数据（图1-27），1980年水稻的最大实际单产在5 500 ~ 7 000kg·hm^{-2}之间，主要集中在吉林东南部、辽宁中部和东南部。但部分地区实际产量只在2 500 ~ 4 000kg·hm^{-2}之间。2010年实际单产较1980年有较大提高，最高可达13 000kg·hm^{-2}，最高单产区主要集中在黑龙江省，大部分地区在7 000 ~ 10 000kg·hm^{-2}之间。

（3）产量与生长季气温变化的关系。1980—2009年东北三省水稻产量与其生长季的气温变化关系密切，尤其是黑龙江省。黑龙江、吉林和辽宁省的水稻单产与相应的日最低温度变化均达到显著或极显著正相关（相关系数分别为$r=0.558$**，黑龙江；$r=0.361$*，吉林；$r=0.389$*，辽宁），但与水稻生长季的降水量相关不显著（表1-3）。依据近30年的水稻产量与气温变化的关系，并结合近5年水稻实际平均单产进行推算发现，水稻生长季日最低气温升高1℃，黑龙江、吉林和辽宁三省的水稻产量分别可提高6.8%、6.8%和5.1%，东北全区平均可以增产6.2%左右（图1-28）。

表1-3 水稻单产变化与水稻生长季气温和降水量变化的相关系数(1980—2009年)

省　份	日平均温度	日最高温度	日最低温度	日降水量
黑龙江	0.599**	0.495**	0.558**	−0.133
吉林	0.215	0.061	0.361*	0.198
辽宁	0.394*	0.366*	0.389*	−0.110

注：* 和 ** 分别表示显著（$p < 0.05$）和极显著（$p < 0.01$）。

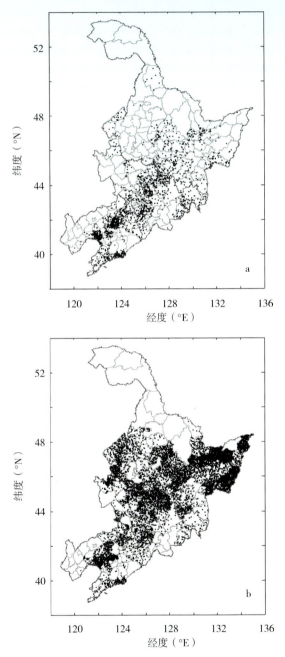

图 1-26　东北三省水稻播种面积 1980 年（a）与 2010 年（b）
变化的空间特征（400 hm²/点）

（数据来源于国家种植业信息网）

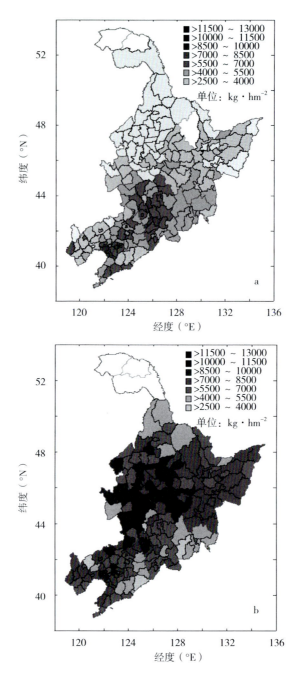

图1-27　东北三省县级水稻实际单产1980年（a）与2010年（b）变化的空间特征

（数据来源于国家种植业信息网）

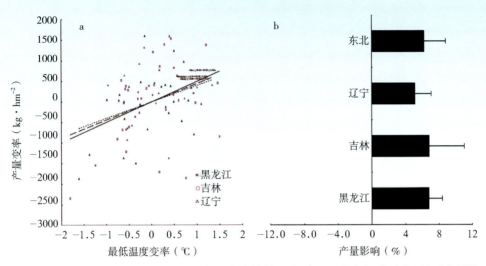

图1-28 水稻产量变率与生长季最低气温变率的关系（a）及日最低温度升高1℃对水稻单产的潜在影响（b）

（数据来源于国家种植业信息网）

采用面板分析法计算得出，在黑龙江和辽宁，平均温度每升高1℃，单产增加585.8kg·hm^{-2}和220.0kg·hm^{-2}，最高温度升高1℃，单产增加585.4kg·hm^{-2}和252.4kg·hm^{-2}，最低温度升高1℃，单产增加375.6kg·hm^{-2}和80.5kg·hm^{-2}。对于总产量而言，在黑龙江和辽宁，平均温度每升高1℃，总产量增加99.2×10^{4}t和14.4×10^{4}t，最高温度升高1℃，总产量增加99.1×10^{4}t和16.5×10^{4}t，最低温度升高1℃，总产量增加63.6×10^{4}t和5.3×10^{4}t。降水对水稻产量影响较小。

根据以上计算结果和各地区水稻播种面积，绘制出假设温度上升1℃时单产变化与总产量变化的空间分布图（图1-29）。假设未来面积不变，日平均温度升高1℃下东北水稻单产在东北三省的22市增产，其余13个市减产，日平均温度升高1℃下东北水稻单产增产的省市多于减产的省市；日最低温度升高1℃下东北水稻单产在东北三省的21市是增产的，其余的14个市是减产的；日最高温度升高1℃下东北水稻单产在东北三省的22市是增产的，其余的13个市是减产的。总体来看，单产增加较大的城市主要分布在黑龙江省。单产的变化可能是由于生育期的水稻生理活动等内在因素导致的；而总产量的变化主要是通过影响种植面积起作用的。日平

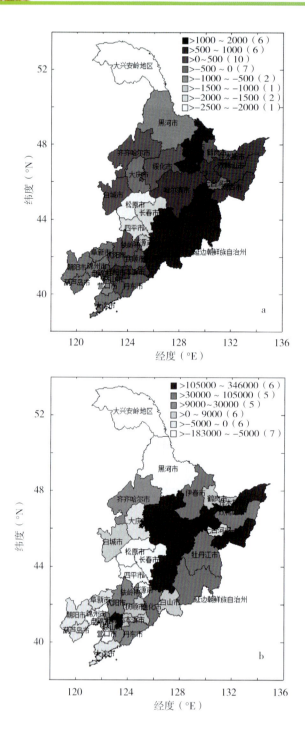

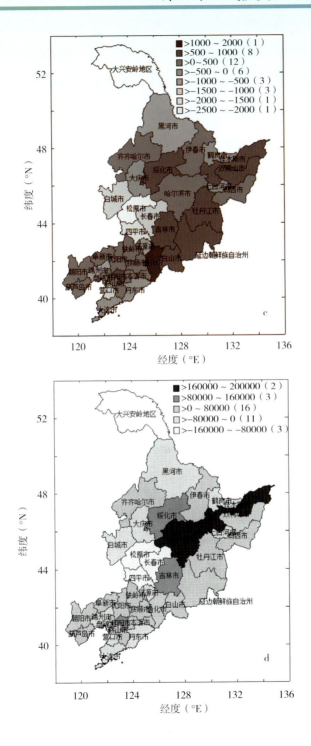

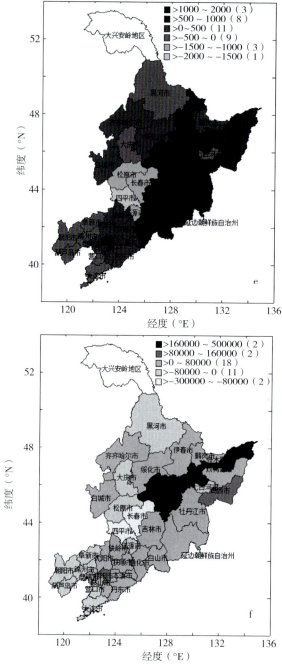

图1-29　日均温度、日最低温度、日最高温度分别升高1℃下东北水稻单产
（a,c,e）和总产(b,d,f)递增的空间特征（假设面积不变）

（数据来源于国家种植业信息网）

均温度、最低温度和最高温度均会影响水稻的单产和总产量，日最低温度对总产量的减产或增产作用均较日最高温度和日平均温显著。

1.3.2 北方两熟区小麦生产变化

（1）产量、播种面积及单产。1989—2009年，我国冬小麦总产量呈增加趋势，总播种面积较稳定，且播种面积的变化趋势与总产量变化趋势基本一致（图1-30）。从区域上分析，冬小麦趋势单产增加速度以黄淮和华

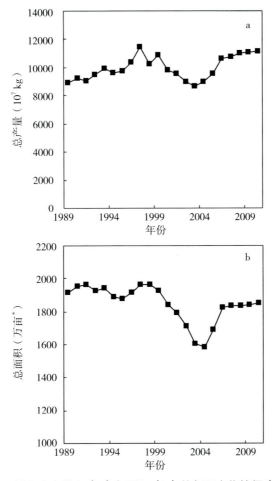

图1-30　全区域冬小麦总产（a）与面积（b）的年际变化特征（1989—2009年）

（数据来源于国家种植业信息网）

---

*亩为非法定计量单位，1亩=667m²。

北地区较大（图1-30）。1989—1996年总产量增长缓慢，在1997—2003年急剧下降，2003年总产量降至近30年最低，但在2004—2006年迅速回升，2007—2009年进入缓慢增长阶段。播种面积的变化趋势与总产变化趋势基本一致，表明我国冬小麦总产量波动主要受播种面积的影响。

1989—2009年冬小麦单产增长缓慢，年际间波动较小（图1-31）。从

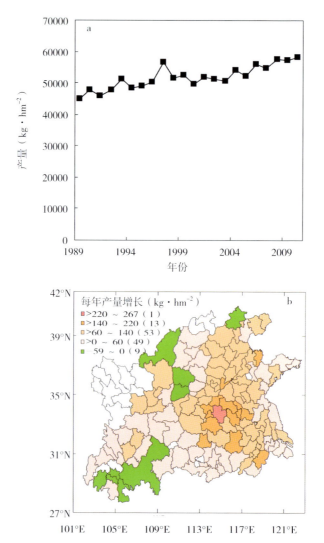

图1-31　全区域冬小麦实际单产时间（a）与空间（b）变化特征（1989—2009年）

（数据来源于国家种植业信息网）

区域上分析，冬小麦单产在黄淮和华北地区每年以$60 \sim 140 \mathrm{kg} \cdot \mathrm{hm}^{-2}$的速度增加，长江中下游和华东沿海地区每年以$0 \sim 60 \mathrm{kg} \cdot \mathrm{hm}^{-2}$的速度增加，但也有部分地区呈小幅下降趋势。可见，尽管冬小麦产量总体上呈增加趋势，但仍存在区域差异，且年际间波动明显，这可能与气候年际间的变化趋势有关。

（2）气象因子与产量。气候变暖显著影响1989—2009年冬小麦产量，但产量对不同的气象因子的响应不一致，其中，以日最低气温与产量变化的相关性最高，且存在区域差异。在地级市尺度上，1989—2009年实际产量、滑动平均法取趋势产量和二次回归法取产量趋势变率与日平均气温和日最低气温变率呈正相关，与日最高气温变率呈负相关（表1-4）。通过分析实际产量与气象因子的相关性发现，日平均气温、日最高气温、日最低气温变率每升高1℃，区域内冬小麦产量分别以每年$624.9 \mathrm{kg} \cdot \mathrm{hm}^{-2}$、$-652.3 \mathrm{kg} \cdot \mathrm{hm}^{-2}$和$538.0 \mathrm{kg} \cdot \mathrm{hm}^{-2}$的速率增加，但降水量每增加1mm，产量则以每年$0.22 \mathrm{kg} \cdot \mathrm{hm}^{-2}$的速率下降。

表1-4　产量变率与气候因子变率相关分析（1989—2009年）

气象因子	日平均气温	日最高气温	日最低气温	降水量
AYT	0.236*	−0.251**	0.356**	−0.011
MYT	0.223*	−0.376**	0.439**	0.068
DYT	0.122*	−0.077**	0.137**	−0.128

注：AYT：实际产量趋势；MYT：地级市尺度上滑动平均法取趋势产量趋势；DYT：地级市尺度上一次回归法取趋势产量趋势。

采用滑动平均法取产量趋势（图1-32），1989—2009年产量变率与气象因子变率的相关性与实际产量变率的规律一致，除降水量外皆达显著或极显著水平，但产量变率幅度较小。在未来的气候变暖背景下，日平均气温、日最高气温、日最低气温变率升高1℃，区域内冬小麦年产量分别以$19.3 \mathrm{kg} \cdot \mathrm{hm}^{-2}$、$-31.8 \mathrm{kg} \cdot \mathrm{hm}^{-2}$和$21.7 \mathrm{kg} \cdot \mathrm{hm}^{-2}$的速率增加，降水量与其相关性不显著。

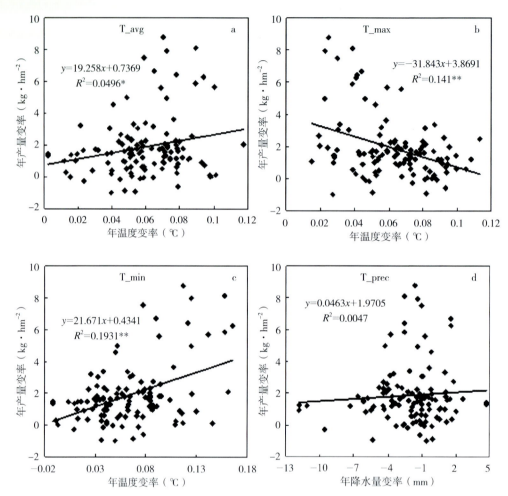

图1-32　地级市尺度上滑动平均法趋势产量变率与日平均气温（a）、日最高气温（b）、日最低气温（c）和降水量（d）变率回归分析（1989—2009年）(*n*=125)。

（数据来源于国家种植业信息网）

　　采用一元回归法取产量趋势，1989—2009年产量变率与日平均气温和日最低气温呈负相关，与日最高气温和降水量呈负相关，皆不显著。其中，在未来的气候变暖背景下，日平均气温、日最高气温、日最低气温变率升高1℃，区域内冬小麦年产量分别以52.3kg·hm⁻²、−32.4kg·hm⁻²和33.5kg·hm⁻²的速率增加，受降水量影响极小（图1-33）。

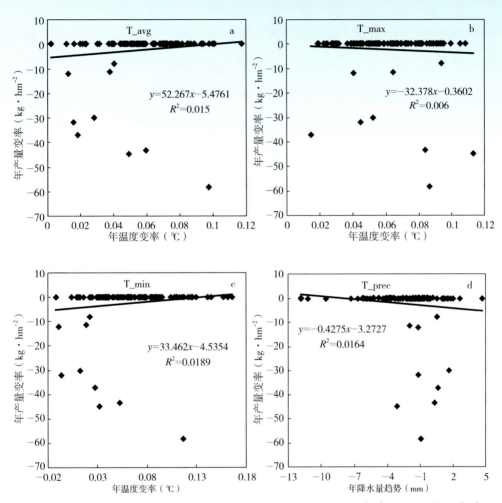

图1-33　地级市尺度上一次回归法取趋势产量变率与日平均气温（a）、日最高气温（b）、
日最低气温（c）和降水量（d）变率回归分析（1989—2009年）（*n*=125）。

（数据来源于国家种植业信息网）

1.3.3　南方两熟区水稻生产变化

自1980年以来，南方稻区早稻光温生产潜力均呈不断升高的趋势，一季中稻及晚稻光温生产潜力呈现下降趋势（图1-34）。而同一时期早、中、晚稻实际单产均呈现明显的上升趋势，一季中稻及晚稻实际单产升高的趋势更为明显。早稻光温生产潜力上升趋势极为显著，且增加的幅度大于

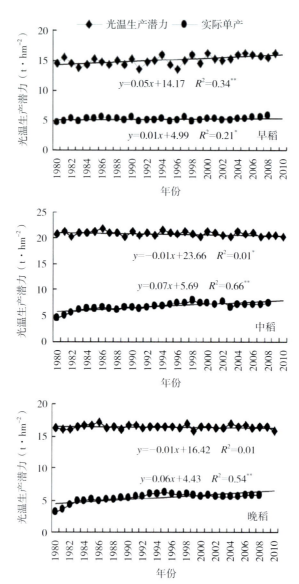

图1-34　气候变化背景下南方稻区水稻光温生产潜力、实际单产及两者产量差变化趋势

（摘自石全红等，2012）

实际单产增加的幅度，两者产量差不断扩大；一季中稻及晚稻潜在产量呈下降趋势，产量差不断缩小。但在整个南方稻区，水稻产量差依然很大，目前，早、中、晚稻实际单产仅为光温生产潜力的36.79%、36.16%

和36.01%，水稻大田平均单产水平和理论生产潜力之间的产量差分别为9 822.54kg·hm^{-2}、13 141.98kg·hm^{-2}和10 453.80kg·hm^{-2}。

气候变化在不同程度上改变了南方稻区部分区域种植制度，导致区域内的单位面积周年作物产量发生了变化。赵锦等根据各一级区生产实际状况设定每个区域的典型种植模式，依据中国种植业信息网南方各省2000—2007年的产量数据，比较了种植制度一级区界限变化敏感带单位面积周年作物产量的变化情况，结果见表1-5。由表可以看出，Ⅵ区与Ⅷ区交界地带变化明显，种植制度一级区变动主要是Ⅷ区的整体北移，变动区域主要在安徽、江苏两省，该区域种植模式由冬小麦-夏玉米种植模式变为冬小麦-水稻种植模式，因为种植模式的改变，单位面积周年作物单产在安徽省可增加22%，在江苏省可增加29%。由于Ⅷ区界限北移，其与Ｘ区交界地带由Ⅷ区变成Ｘ区，水田的种植模式若由小麦-中稻种植模式改为冬小麦-早稻-晚稻种植模式，粮食单产在湖北省、安徽省、江苏省、浙江省、上海市分别可增加26%、36%、35%、44%、58%；旱地种植模式若由麦-玉模式改为麦-稻-稻模式，粮食单产在湖北省、安徽省、江苏省、浙江省、上海市分别可增加86%、67%、74%、100%、76%。Ⅶ区与Ｘ区交界地带在湖南省西北部由Ⅶ区变成Ｘ区，其单位面积周年作物单产至少可增加53%。总之，各区域种植模式的改变在一定程度上增加了单位面积周年作物产量。

表1-5　南方地区一级区变化区域各省的粮食产量变化

省份	Ⅵ-Ⅷ	Ⅷ-Ｘ		Ⅶ-Ｘ	
	麦玉-麦稻	麦稻-麦稻稻	麦玉-麦稻稻	麦稻-麦稻稻	麦玉-麦稻稻
湖南				53%	105%
湖北		26%	86%		
安徽	22%	36%	67%		
江苏	29%	35%	74%		
浙江		44%	100%		
上海		58%	76%		

注：数据摘自赵锦等，2012。其中麦玉为冬小麦-夏玉米种植模式；麦稻为冬小麦-中稻模式；麦稻稻为冬小麦-早稻-晚稻模式；Ⅵ为黄淮海地区水浇地二熟与旱地二熟一熟区；Ⅶ为西南高原山地水田二熟旱地二熟一熟区；Ⅷ为的江淮平原丘陵麦稻二熟区；Ｘ为长江中下游平原丘陵水田三熟二熟区。"Ⅵ-Ⅷ"表示对应省份中由Ⅵ区变为Ⅷ区的区域；"麦玉-麦稻"表示由麦玉模式变为麦稻模式。

气候变化引起了作物生育期内灾害发生频率增加，造成了粮食作物的减产。李勇等对单双季稻生育期内高、低温灾害下的减产率进行了比较（图1-35），研究发现，对于高温灾害，孕穗-抽穗期高温灾害造成的减产率，双季早稻、双季晚稻和单季稻分别为0.58%、0.12%和0.38%，且高温灾害减产年份分别占研究总年数的18.8%、14.2%和46.7%。灌浆-成熟期内高温热害造成的减产率以单季稻最大，双季晚稻次之，双季早稻仅略微减产。90年代后期和2000年以来，双季晚稻灌浆-成熟期高温灾害对其产量影响程度明显增加；而双季早稻虽然减产年份比例较高，但其总体减产幅度不大；单季稻减产年份及其减产幅度均明显大于双季早稻和双季晚稻。对于低温灾害，秧田期内低温灾害造成的减产率以双季早稻最大，对单季稻和双季晚稻的危害极小；孕穗-抽穗期内低温灾害造成的减产率则以双季晚稻最大，双季早稻次

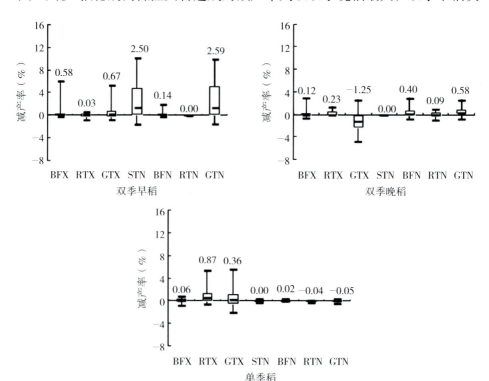

图1-35　1981—2010年单双季稻生育期内不同灾害造成的减产率

（BFX：孕穗—抽穗期高温　RTX：灌浆—成熟期高温　GTX：生育期的高温　STN：秧田期低温
BFN：孕穗—抽穗期低温　RTN：灌浆—成熟期低温　GTN：生育期的低温）

（摘自李勇等，2013）

之，而单季稻仅表现出略微的减产；灌浆–成熟期的低温灾害对双季早稻和单季稻影响甚微，对双季晚稻的影响主要体现在年际的波动。总之，双季早稻秧田期低温和孕穗–抽穗期高温、双季晚稻孕穗–抽穗期低温、单季稻灌浆–成熟高温等关键生育期灾害对水稻产量的影响最为显著。

1.4　作物生产对农田温室气体排放的影响

农田土壤是大气温室气体的一个重要来源，尤其是水田，其CH_4排放占农业总排放量的20%左右。同时，不同的农作模式和栽培技术对农田温室气体排放强度与总量也有显著的影响。

1.4.1　种植模式

种植不同作物也会对农田温室气体排放造成影响，这主要是由于不同作物的栽培管理措施不同，作物与土壤的地下生物化学过程不同及作物本身对气体的传输能力不同等导致的（图1-36）。如水稻主要在淹水条件下生长，厌氧下土壤有机质分解为CH_4，因此稻田是CH_4的主要排放源；我国

图1-36　不同间作模式（黄钢，2012）

亚热带旱地玉米–油菜轮作、大豆–冬小麦轮作和休耕的3种种植制度下，N_2O排放量存在较大差异；有研究认为，在相应生育期，大豆表现出比谷子和春小麦更高的N_2O释放速率。

Chai等（2014）研究了间作对农田温室气体排放的影响，结果表明：玉米‖油菜、玉米‖小麦、大豆‖小麦、玉米‖豌豆的单位面积温室气体排放均显著低于玉米单作，大豆‖小麦的单位面积温室气体排放显著低于其他种植模式。

1.4.2 肥料管理

稻田施用有机肥后，由于为产CH_4菌提供了产CH_4基质，从而明显增加稻田CH_4排放量，但有机肥种类和施用量会导致不同的稻田CH_4排放量。如我国北方稻田，施用猪粪CH_4排放通量最大，稻草次之，牛粪最低；而华中地区的研究表明CH_4排放量的大小表现以施人畜粪便＞绿肥＞沼渣肥和稻草，沼渣肥比常规的有机肥能够更有效降低CH_4排放量，施用腐熟度高的沼渣可使稻田CH_4排放通量控制在与单施化肥同样低的水平上。邹建文等（2003）研究了不同有机肥对稻田CH_4排放的综合影响，结果表明，与常规肥料相比，基肥施用比猪厩肥降低了4%的CH_4排放，施用菜饼、小麦秸秆和牛厩肥分别增加了252%、250%和45%的CH_4排放。施肥方式的不同还会改变农田N_2O排放，如早稻生长季既施绿肥又施化肥，N_2O排放

图1-37　玉米秸秆还田与不还田（翟云龙，2014）

量分别为只施绿肥不施化肥、只施化肥不施绿肥或既不施绿肥也不施化肥的848.3%、685.7%、1 427.8%；基肥的不同也会导致稻田N_2O排放量不同，与施用化肥相比，施用菜饼＋化肥使N_2O季节排放总量增加22%，施用小麦秸秆＋化肥、牛厩肥＋化肥、猪厩肥＋化肥分别减少N_2O排放18%、21%和18%，此外，有机肥料的腐熟程度也影响着N_2O的排放。

1.4.3 水分管理

不同水分管理方式对稻田CH_4排放有显著影响，目前研究结果已表明，推广干湿交替和烤田相结合的栽培能够显著降低稻田CH_4排放量，如采用间歇灌溉后，东北稻田CH_4平均排放量比对照减少了32.5%，华东稻田的CH_4排放量减少13%~60%，华中早晚稻的CH_4平均排放通量分别比淹灌降低64.0%和35.4%。

1.4.4 耕作措施

不同耕作措施和土壤管理方式也对温室气体的排放造成不同影响。如免耕秸秆还田使稻田CH_4和N_2O平均排放速率比翻耕还田和旋耕还田分别降低了24.3%、27.0%和42.1%、16.7%，同时使CH_4排放峰值比翻耕还田和旋耕还田分别降低67.0%和54.3%（图1-38、图1-39）。

图1-38 双季稻区水稻免耕种植（汤文光，2014）

图1-39　小麦－玉米系统机械翻耕整地（郑成岩，2015）

1.4.5　土壤质地

土壤质地、氮素状况等也可影响温室气体排放。由于不同的土壤类型，其土壤生物学特性、团聚体构成以及pH等理化性状差异显著，导致土壤中碳氮循环过程各自不同。因此，同一类农作模式与技术，使用在不同的土壤类型上，其气体交换特征差异非常显著。

1.5　农田节能减排的应对策略

1.5.1　农田节能减排技术

以气温升高为主导的气候变化已是事实，并仍呈加剧之趋势，将严重影响世界农业的可持续发展。与此同时，由于全球中下阶层人口快速增长、生活水平稳步提升、城市化率迅速提高，世界粮食安全、资源短缺、生态退化等危机日益突出。地球系统已经难以承受传统集约化农业施加的沉重压力，人类急需更高的智慧进行农业技术与制度创新，实现粮食增产、资源增效和气候变化减缓的三赢。为此，气候智慧型农业（Climate Smart Agriculture）应运而生，其宗旨是在确保农业增产增收的基础上，通过技术和制度的综合创新，增强农业系统对气候变化的应对能力，减少农业化石能投入和碳排放，增加农田碳储量（图1-40）。

图1-40 气候智慧型农业（梁宝忠，2013）

农业生态系统在为人类提供赖以生存的农产品的同时，也提供多样化的生态服务功能。以农业碳排放和碳捕获为例，全球人为碳排放总量中，13.5％来自农业；人为排放的CH_4和N_2O中，分别有50％和60％以上来自农业生产过程。如果农业生产方式不科学，不仅排放大量的温室气体，而且导致系统生产力下降。但在合理的农业生产方式下，不仅温室气体排放可以显著减少，而且可以通过光合作用，将大气中的CO_2转化为有机碳化物，并大量储藏在土壤中。农业增碳减排不仅可以降低大气CO_2浓度，减缓气候变暖，而且可以增强农田系统的稳定性和抗逆性，提高系统对气候变化的应对能力，促进粮食增产。以水稻生产为例，通过品种改良、稻作技术改进、节能减排政策创新，稻田CH_4排放量可以减少30％左右，水稻单产及水肥效率可以提高15％左右。再以小麦、玉米生产为例，通过品种与水热的周年匹配、提高种植密度、减少前期施肥量，在确保作物高产的同时，可以显著降低N_2O排放，并提高土壤碳、氮储量。农业增产增收、应对气候变化与增碳减排相辅相成，是人类的共同责任和义务，也是我国国民经济建设、生态文明建设及现代农业发展的内在需求。我国是世界上最大的农产品生产和消耗国，也是碳排放大国，粮食增产与农田减排的压力最大，农业生产水平和模式多样。我们必须科学认识气候变化对农业生

产的利与弊，充分挖掘气候变化的增产效应；要系统理解农业生态系统的碳源与碳汇功能的转换机制，充分发挥农业生态系统增碳减排潜力。要继续加强农业科技和制度的创新，发展气候智慧型农业，促进现代农业可持续发展。

1.5.2 农田节能减排政策

农田节能减排不仅生态环境效益显著，而且对农田系统综合生产力的提升效应非常突出，农业增效与农民增收的效果也非常明显。农田节能减排是集社会、经济和生态三大效益于一体的新型技术体系，尤其是生态环境效益，因此政府应建立适当的生态补偿机制，对实施该项技术的生产单位、地方政府和农户进行补贴。生态补偿机制可以参照国际上关于工业和林业的节能减排补偿机制进行，比如碳贸易的相关政策。政府应开展对农田节能减排技术的生态环境效应的综合监测，根据该技术模式对温室气体的减排效果以及对土壤有机碳提升效果，进行综合评价，确定补贴幅度。同时，政府可以针对中国目前农田节能减排的潜力情况，有重点地进行技术推广和生态补偿。也可以采取一定的政策措施，比如减免税的方式，鼓励企业和地方政府参与技术的推广与应用。允许企业购买一定区域的农田节能减排量，来置换企业本身的节能减排任务，或抵消一定的税额。政府还可以通过财政补贴，以促进企业生产销售节能减排性的农业物质和农机具，促进节能减排技术的推广应用。

而在日常生活中，人们更多关注的是工业和生活中的节能减排问题，对农田节能减排的认识还非常不足。政府和学术界应加大对农田节能减排意义及其可行性的宣传力度，让生产者认识到节能减排不仅不会影响作物产量，而且还可以提高土壤肥力，降低生产成本；让社会公众认识到农田节能减排的潜力和其对缓解气候变暖的重大贡献，提高社会公众的关注度，全面推进农业节能减排技术的推广应用。在宣传手段上，可以采取宣传册、新闻媒介、标语等方式，以农村喜闻乐见的形式进行。同时，可以要求企业在相应的产品包装上，比如肥料、农药、农机等，标注有关节能减排的宣传词，多渠道、多手段相结合来提倡农田节能减排。

参考文献

丁一汇, 任国玉, 石广玉, 等, 2006. 气候变化国家评估报告（Ⅰ）: 中国气候变化的历史和未来趋势 [J]. 气候变化研究进展, 2(1): 3-8.

李勇, 杨晓光, 叶清, 等, 2013. 全球气候变暖对中国种植制度可能影响: Ⅸ. 长江中下游地区单双季稻高低温灾害风险及其产量影响 [J]. 中国农业科学, 46(19): 3997G4006.

石全红, 刘建刚, 王兆华, 等, 2012. 南方稻区水稻产量差的变化及其气候影响因素 [J]. 作物学报, 38(5): 896-903.

谭秋成, 2011. 中国农业温室气体排放: 现状及挑战 [J]. 中国人口资源与环境, 21(10): 69-75.

谭淑豪, 张卫建, 2009. 中国稻田节能减排的技术模式及其配套政策探讨 [J]. 科技导报, 27(0923): 96-100.

叶清, 杨晓光, 解文娟, 等, 2013. 气候变暖背景下中国南方水稻生长季可利用率变化趋势 [J]. 中国农业科学, 46(21): 4399-4415.

张卫建, 2014. 气候智慧型农业将成为农业发展新方向 [J]. 中国农村科技 (4).

赵锦, 杨晓光, 刘志娟, 等, 2010. 全球气候变暖对中国种植制度可能影响 Ⅱ. 南方地区气候要素变化特征及对种植制度界限可能影响 [J]. 中国农业科学, 43(9): 1860-1867.

Chai Q, Qin AZ, Gan YT, et al. 2014, Higher yield and lower carbon emission by intercropping maize with rape, pea, and wheat in arid irrigation areas. Agron. Sustain. Dev (34): 535–543.

IPCC, 2007. Climate Change 2007: The Physical Science Basis. Cambridge University press, Cambridge, United Kingdom and New York, NY, USA.

IPCC, 2013: climate change 2013: the physical science basis. Contribution of working group I to the fifth assessment report of the intergovernmental panel on climate change[J]. 2013.

第二章
我国粮食生产碳排放特征及减排途径

2.1 我国主要粮食作物的生产变化情况

粮食安全在国民经济和社会发展中占有极其重要的地位，影响到国家发展和社会稳定。中国人多地少，粮食生产具有特殊的重要性，解决中国的粮食安全问题必须要立足国内，提高粮食生产综合能力，并维持较高的自给率水平（余振国等，2003）。自从20世纪90年代以来，虽然我国的粮食单产和总产水平稳定发展，目前全国总量基本可以满足粮食供需平衡（刘晓梅等，2004），然而区域间的粮食自给率存在明显的失衡现象（周丁扬等，2008），因此，研究区域间粮食生产格局变化和供求总量平衡已经成为保证国家粮食长期安全的重要内容之一（殷培红等，2006）。

2.1.1 三大主粮作物生产变化特征

我国的三大粮食作物播种面积存在明显的区域差异。从图2-1a可以看出，以我国地势的三大阶梯为分界，自东向西，随着阶梯的升高，粮食播种面积逐渐减少。在第三阶梯的青藏高原地区，由于气候条件较差和适宜的耕地较少，导致该地区的粮食播种面积普遍偏低，平均每县的粮食作物播种面积在10 000hm²以下；第二阶梯内的地区则以四川盆地、云贵地区和新疆西部地区各县的粮食播种面积较多，并且该区域内南方播种面积明显高于北方；地势的第一阶梯区域，即沿大兴安岭、太行山脉和巫山山脉

以东的广大地区是我国的主要粮食产区，这里地势平坦、人口稠密、农业
生产水平较高，适宜于从事粮食作物生产，该区域内，主要粮食生产县分

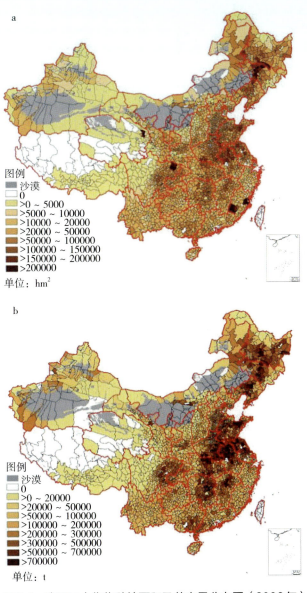

图2-1　我国三大作物种植面积及总产量分布图（2006年）

（数据来源于国家种植业信息网）

61

布在东北平原的中部地区、华北平原的中南部地区以及长江中下游平原区。从播种面积的省区分布来看，主要粮食生产县分布在东北的黑龙江、吉林、辽宁，华北的山东、河南、河北，长江中下游的安徽、江苏、湖北、江西、湖南以及西南的四川、贵州、云南等地。内蒙古和新疆近年来发展迅速，且我国目前大部分可供耕作的备用土地都分布在上述两个地区，未来粮食播种面积仍具备较大开发潜力。

我国粮食总产量水平较高的县市主要位于第一阶梯区域内的东北平原、华北平原以及长江中下游平原内（图2-1b），覆盖了黑龙江、吉林、辽宁、河北、山东、河南、安徽、江苏、湖北、江西以及湖南的大部分地区，上述区域属于我国粮食生产的主要区域。位于第二阶梯区域内的四川盆地、内蒙古东部和新疆西部地区县市的粮食总产水平同样较高，特别是新疆和

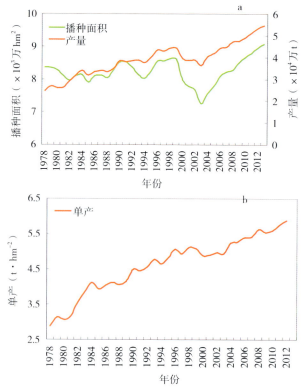

图2-2　我国三大作物播种面积、总产量与单产的历年变化

（数据来源于国家统计局）

内蒙古地区，随着后备土地资源的开发，未来的粮食产量还将继续提升。

统计我国三大粮食作物1978—2013年的生产变化趋势（图2-2a）发现，从播种面积来看，主要粮食作物经历了面积扩大到迅速下降，然后迅速回升三个阶段，近年来已经稳定在9 000万hm²以上。而总产量则稳步提升，从1978年的24 671.5万t增加到2013年的54 402.8万t，增加了120.5%。从前文分析可以看出，玉米对粮食总产量的提升幅度最大，近30多年来增加了290.5%，小麦其次，增加了126.5%，而水稻增加幅度较小，但也达到了48.7%。对于单产变化趋势而言（图2-2b），从1978年以来，我国主要粮食作物的单产已经由2 875.2kg·hm⁻²增加到5 877.6kg·hm⁻²，增长了104.4%。其中小麦单产增加幅度最大，达到170.3%，玉米次之，为109.4%，水稻则为70.4%。

图2-3为1981—2008年我国主要粮食作物播种面积的区域变化趋势。近30年来，我国粮食作物播种面积表现为由南方省区向华北地区和东北地区不断集中的趋势。其中，黑龙江、内蒙古和河南播种面积增加最大，而浙江、广东、四川、福建和重庆的粮食播面下降迅速，这表明我国粮食播种面积近年来逐渐向北部和中部转移。

分析我国主要粮食作物总产量的历年变化趋势（图2-4）发现，1998年粮食总产量排名靠前的省区为四川、湖南、江苏、浙江、山东、河南和河北，总产量在1 136万～2 096.6万t；而2008年则为河南、山东、黑龙江、江苏和安徽，总产量在2 719.7万～4 032万t。总产量增加最快的省区为山

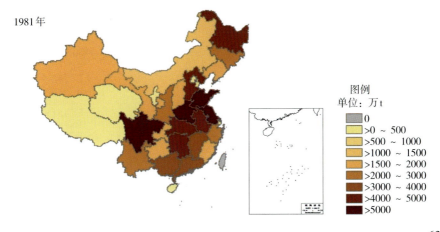

1981年

图例
单位：万t

0
>0 ～ 500
>500 ～ 1000
>1000 ～ 1500
>1500 ～ 2000
>2000 ～ 3000
>3000 ～ 4000
>4000 ～ 5000
>5000

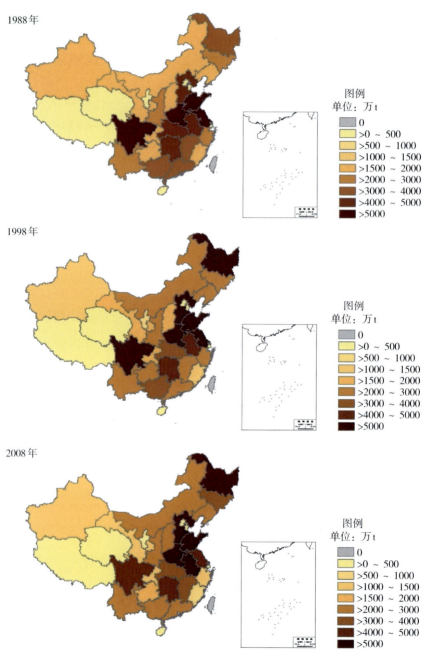

图2-3　主要粮食作物播种面积变化特征
（数据来源于国家种植业信息网）

东、河南、黑龙江、内蒙古和吉林，产量增加幅度在1 388.7万～3 340.6万t。从图中还可以看出我国粮食总产量的区域布局出现了向中部和北部转移的

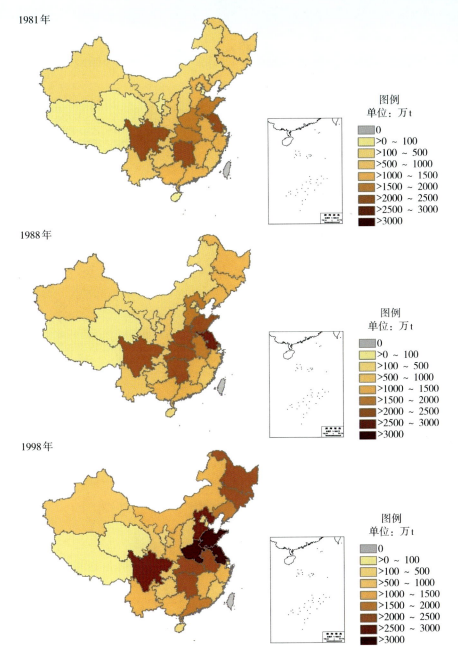

2008年

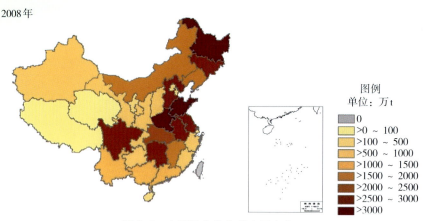

图例
单位：万 t

- ⬜ 0
- ⬜ >0 ~ 100
- ⬜ >100 ~ 500
- 🟧 >500 ~ 1000
- 🟧 >1000 ~ 1500
- 🟫 >1500 ~ 2000
- 🟫 >2000 ~ 2500
- 🟫 >2500 ~ 3000
- 🟫 >3000

图2-4　主要粮食作物总产量变化
（数据来源于国家种植业信息网）

迹象。

　　图2-5是我国不同省区1981—2008年主要粮食作物单产的年代变化趋

图例

- 3500
- ⬜ 1981—1989年
- 🟧 1990—1999年
- 🟫 2000—2008年

单位：kg·hm^{-2}

图2-5　各省份80年代、90年代、21世纪初主要粮食作物单产的变化趋势
（数据来源于国家种植业信息网）

势。由于受气候因素影响较大，表现为年际间波动的趋势，但从总的趋势来看，各省区的主要粮食作物单产水平保持不断上升，其中单产水平较高的省区主要为上海、吉林、江苏、辽宁和浙江。南方由于水资源充沛、光温资源丰富和较高的农田投入，生产力水平普遍较高，但受发展经济的影响，播种面积不断减少，这与自然资源的区域分布状况相背离，这一现象值得进一步研究，即如何保持发展经济与保障粮食播种的区域间平衡。

2.1.2 水稻生产变化特征

水稻是我国第一大粮食作物，在我国的粮食生产中占据了重要的位置。图 2-6a 是我国水稻播种面积区域分布图（2006 年统计数据），从图中可以看出，水稻种植主要分布在南方地区，此外东北地区近年来发展较快，是我国北方种植面积较为集中的地区。水稻总产量是种植规模与单产水平的综合体现，我国水稻总产量规模较大的县市主要分布在江苏、安徽、湖北、湖南和江西等省沿长江水稻生产区，东北地区受种植规模的限制，水稻总产量规模不高，且主要分布在黑龙江中东部、吉林中部和辽宁中部的部分县市（图 2-6b）。

2013 年水稻播种面积和总产量分别为 3 031.18 万 hm^2 和 20 361.2 万 t。图 2-7a 是 1978—2013 年我国水稻播种面积和总产量的变化趋势。从图中可以看出，水稻的播种面积自 1978 年以来缓步下降，到 2003 年降到了最低点，仅为 2 650.78 万 hm^2。2003 年后随着国家对粮食安全问题的重视程度提高，粮食作物播种面积逐渐恢复，近几年一直稳定在 3 000 万 hm^2 以上。总体来看，2013 年水稻播种面积比 1978 年下降了 11.9%。虽然水稻播种面积持续下降，但近 30 多年来水稻的总产量则保持平稳的增速，2013 年总产量比 1978 年增加了 48.7%。在水稻播种面积持续下降的情况下，水稻总产量保持平稳增加，这主要得益于水稻单产水平的快速提高。图 2-7b 反映了我国水稻单产的历年变化趋势。从图中可以看出，我国水稻单产从 1978 年的 3 978.1kg · hm^{-2} 增加到了 2012 年的 6 776.89kg · hm^{-2}，单产增长达到 70.4%。

图 2-8 是 1981—2008 年我国水稻播种面积的历年变化情况。从图中可以看出，全国水稻播种面积的历年变化呈现出较强的规律性，主要表现为

a

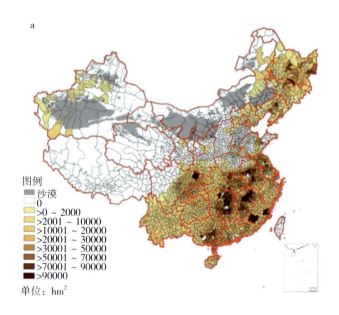

图例
沙漠
0
>0 ~ 2000
>2001 ~ 10000
>10001 ~ 20000
>20001 ~ 30000
>30001 ~ 50000
>50001 ~ 70000
>70001 ~ 90000
>90000

单位：hm²

b

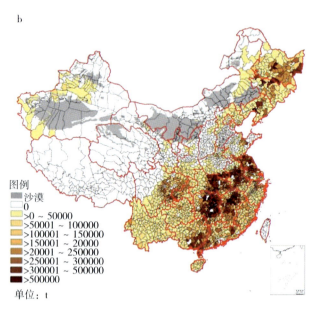

图例
沙漠
0
>0 ~ 50000
>50001 ~ 100000
>100001 ~ 150000
>150001 ~ 20000
>20001 ~ 250000
>250001 ~ 300000
>300001 ~ 500000
>500000

单位：t

图2-6 我国水稻种植面积及总产分布（2006年）

（数据来源于国家种植业信息网）

主要种植区域分布稳定，但南方水稻主产区水稻种植面积持续缩减，而东北种植面积不断扩大。其中，浙江、广东、湖北和安徽面积减少较多，1981—2008年，播种面积分别减少了65.48万～151.79万hm²，减少幅度达24.9%～61.8%；而东北三省黑龙江、吉林、辽宁以及河南省的水稻种植面积增加较多，增加了13.64万～188.12万hm²。总体来看，1981—2008年水稻播面缩减省份共减少1071.44万hm²，而播面增加的省份合计增加260.65万hm²，水稻种植面积净减少810.79万hm²。

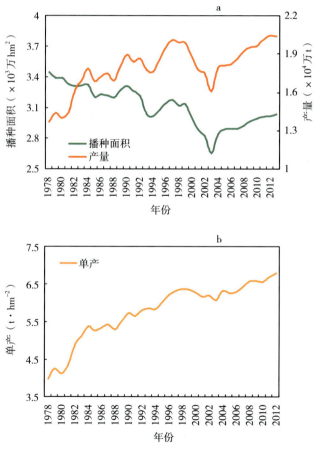

图2-7　我国水稻播种面积、总产量及单产的历年变化

（数据来源于国家种植业信息网）

1981年

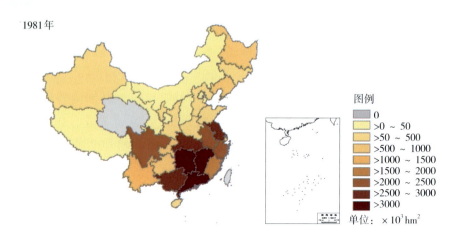

图例

	0
	>0 ~ 50
	>50 ~ 500
	>500 ~ 1000
	>1000 ~ 1500
	>1500 ~ 2000
	>2000 ~ 2500
	>2500 ~ 3000
	>3000

单位：$\times 10^3 hm^2$

1988年

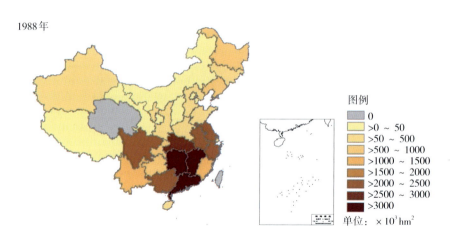

图例

	0
	>0 ~ 50
	>50 ~ 500
	>500 ~ 1000
	>1000 ~ 1500
	>1500 ~ 2000
	>2000 ~ 2500
	>2500 ~ 3000
	>3000

单位：$\times 10^3 hm^2$

1998年

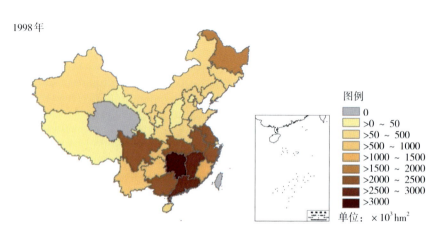

图例

	0
	>0 ~ 50
	>50 ~ 500
	>500 ~ 1000
	>1000 ~ 1500
	>1500 ~ 2000
	>2000 ~ 2500
	>2500 ~ 3000
	>3000

单位：$\times 10^3 hm^2$

2008年

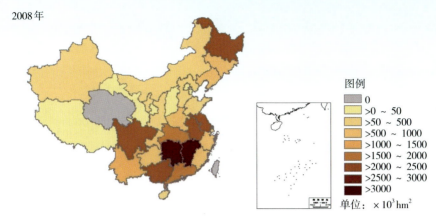

图例
- 0
- >0 ~ 50
- >50 ~ 500
- >500 ~ 1000
- >1000 ~ 1500
- >1500 ~ 2000
- >2000 ~ 2500
- >2500 ~ 3000
- >3000

单位：$\times 10^3 hm^2$

图2-8　1981—2008年水稻播种面积空间变化趋势
（数据来源于国家种植业信息网）

图2-9为1981—2008年我国不同省区水稻总产量的变化分布情况。近30年间，由于品种更替和物质投入等条件的改善，水稻总产量表现为不断增加的趋势，以东北三省和江西、湖北、湖南、江苏和安徽等地的增产幅度最高，特别是黑龙江省增长尤为迅速，2008年比1981年增加了1 462.0万t，是我国水稻总产量增加最多的省份。此外，位于华北平原的河北、北京、天津和山西等省市由于水资源缺乏，水稻种植面积逐渐萎缩，总产量也不断下滑，已经成为水稻的净输入省份。而南方的广东、浙江、福建、上海等省市，则由于经济发达，种植水稻效益低，加之城市发展与农村争

1981年

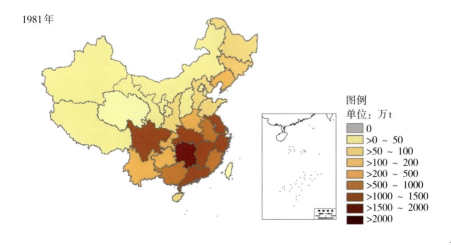

图例
单位：万t
- 0
- >0 ~ 50
- >50 ~ 100
- >100 ~ 200
- >200 ~ 500
- >500 ~ 1000
- >1000 ~ 1500
- >1500 ~ 2000
- >2000

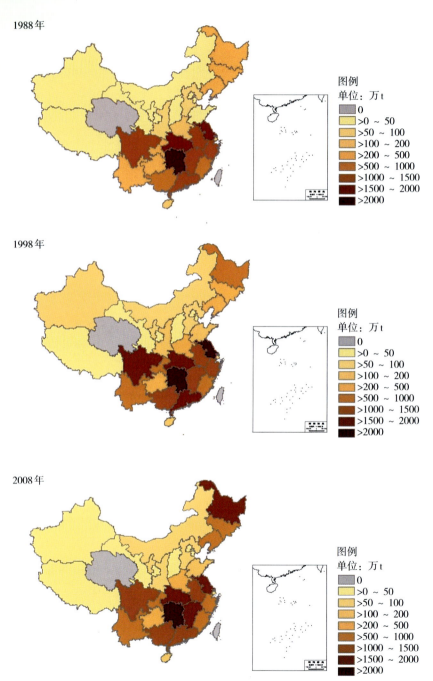

图2-9　1981—2008年水稻总产量空间变化

（数据来源于国家种植业信息网）

地，导致水稻总产量持续下降，与1981年比较，上述省市的水稻总产量下降了25.3%~44.1%。

　　图2-10是1981—2008年我国水稻单产的年代间变化空间分布。与20世纪80年代相比，绝大部分省份的水稻单产在20世纪90年代大幅提高，其中以黑龙江、辽宁、吉林和内蒙古等省区的提高幅度最大；进入21世纪后，水稻单产提升的幅度减小，部分省区单产甚至出现下降的趋势。总体来看，目前水稻单产以华东地区的江苏、山东和东北地区的黑龙江较高。而以广东、福建为代表的南方水稻主产区的水稻单产水平增加趋势不显著。

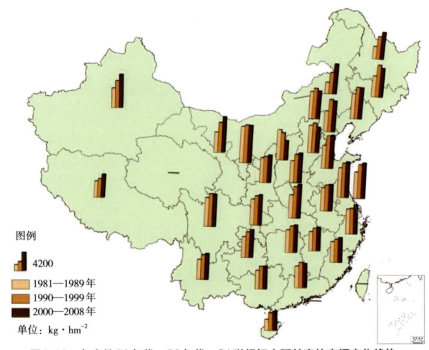

图例

4200

1981—1989年
1990—1999年
2000—2008年

单位：kg·hm^{-2}

图2-10　各省份80年代、90年代、21世纪初水稻单产的空间变化趋势
（数据来源于国家种植业信息网）

2.1.3　玉米生产变化特征

　　玉米在我国分布范围较广，全国种植玉米的县市达2 132个，占全部县市的89.5%，是我国种植面积分布最广的粮食作物。从2006年玉米种植县市

的空间分布情况来看（图2-11a），种植面积超过5万hm²的县市主要分布在东北三省以及内蒙古东部的春玉米产区，此外在河南、山东等夏玉米区也有零星分布。而种植面积超过1万hm²的县市则主要分布在东北地区、华

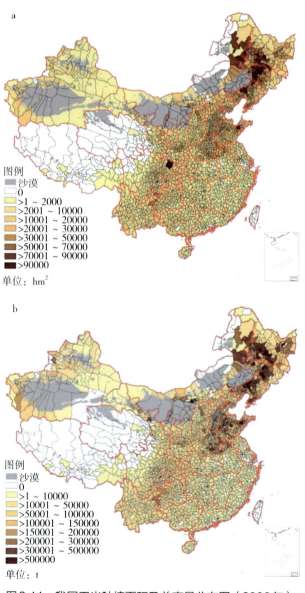

图2-11　我国玉米种植面积及总产量分布图（2006年）

（数据来源于国家种植业信息网）

北平原的山东、河南和河北省、内蒙古西部河套平原区、西北地区的新疆、陕西、甘肃、宁夏以及西南地区的四川、云南和重庆省区的县市。受玉米播种面积布局影响，总产量较高的县市主要分布在东北三省、内蒙古东部的春玉米产区以及华北平原的山东、河南、河北等省区的夏玉米产区（图2-11b）。南方地区则以四川东部、云南北部和贵州西南部省区的部分县市玉米总产量较高。

　　图2-12a是1978—2013年我国玉米播种面积和总产量变化趋势。从图中可以看出，我国玉米播种面积一直保持较快的增长速度，从1978年的1 996.11万hm²增加到了2013年的3 631.84万hm²，30多年来增加了49.6%，是三大粮食作物中唯一播种面积增加的作物。从玉米的总产量来

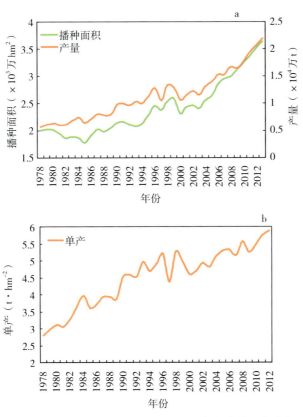

图2-12　我国玉米播种面积、总产量与单产的历年变化

（数据来源于国家统计局）

看，同样呈现迅速增加的趋势，总产量已经由1978年的5 594.5万t增加到2008年的16 591.4万t，增加了196.5%。图2-12b是我国玉米单产的历年变化情况，从图中可以看出，玉米单产经历了从1978年到1993年的快速增长阶段和1994年到2008年的缓慢增长阶段。在第一个阶段，玉米单产从2 802.7kg·hm⁻²增加到4 963.0kg·hm⁻²，年增长5.1%，增幅较大，而从1994年到2008年，玉米单产进入了增长的平台期，年增长率仅为1.7%，不及前15年增长率的1/3。总体来看，1978—2008年，玉米单产增加了98.2%。

图2-13是我国玉米播种面积的区域变化情况。从图中可以看出，玉米播种面积表现为空间分布上不断扩大，年代间持续增加的趋势。其中1981年我国玉米主产省份为山东、河北、河南，播种面积均超过180万hm²；而2008年则变为黑龙江、吉林、山东、河北、河南、内蒙古和辽宁，播种面积均超过180万hm²，东北地区已经替代华北平原，成为玉米最主要的产区。从播种面积变化情况来看，黑龙江、内蒙古和吉林的播种面积增加最多，分别比1981年增加了181.06万hm²、176.76万hm²和95.19万hm²。而江苏和北京减少的面积最多，分别减少9.08万hm²和7.71万hm²。

近30年表现为总产量整体不断提升（图2-14），其中1981年我国玉米产量最高的省区为山东、河北和河南，总产量在480.5万～794万t，而2008年则为吉林、山东、黑龙江、河南、河北和内蒙古，总产量在1 410.7

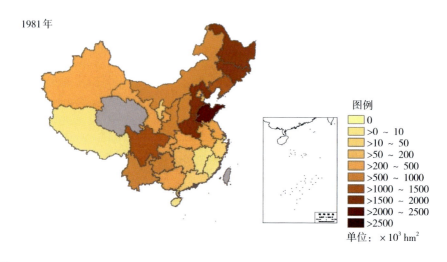

1981年

图例
- 0
- >0 ~ 10
- >10 ~ 50
- >50 ~ 200
- >200 ~ 500
- >500 ~ 1000
- >1000 ~ 1500
- >1500 ~ 2000
- >2000 ~ 2500
- >2500

单位：×10³ hm²

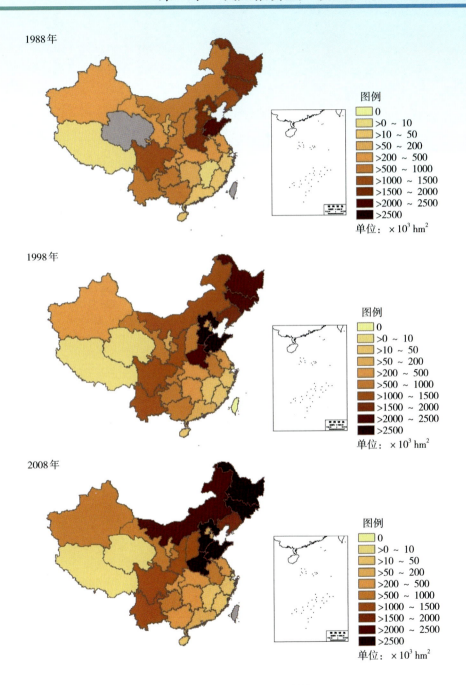

图2-13　玉米播种面积趋势

（数据来源于国家种植业信息网）

万~2083万t，其中黑龙江、吉林和内蒙古增产幅度较大。特别是黑龙江的增长速度最大，如果能够提高单产水平，黑龙江玉米的总产量还将有较大的上升空间。

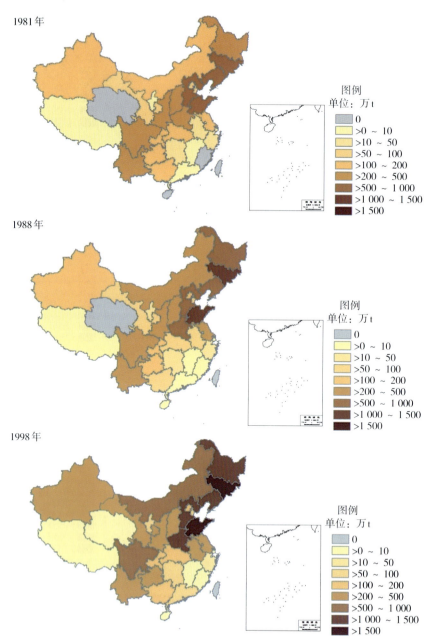

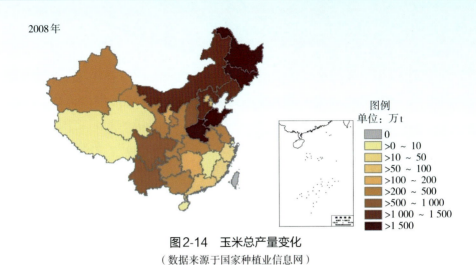

图 2-14　玉米总产量变化

（数据来源于国家种植业信息网）

图 2-15 是我国年际间玉米单产的空间变化趋势。玉米单产由于受气候

图 2-15　各省份 80 年代、90 年代、21 世纪初玉米单产的变化趋势

（数据来源于国家种植业信息网）

79

因素影响较大，表现为年际间波动的趋势，但从总的趋势来看，各省区的玉米单产水平保持不断上升，其中单产水平较高的省区主要为新疆、宁夏、上海和青海，近9年的平均单产水平超过6 500kg·hm^{-2}，但由于上述地区播种面积小，对我国玉米总产量影响较小。而在玉米主产区中，吉林、山东、辽宁、内蒙古、河南的单产水平分别在5 032～6 367.0kg·hm^{-2}之间。而作为玉米播种面积第一大省的黑龙江单产仅为4 471.4kg·hm^{-2}，影响了玉米总产水平的提升，这一方面是由于黑龙江当地的气候因素不利于玉米高产，另一方面也说明，通过选择适宜品种和改善栽培耕作方式等农业技术手段，黑龙江仍具备较高的玉米增产潜力。

2.1.4 小麦生产变化特征

从我国县域小麦种植区域空间分布格局中可以看出（图2-16），小麦种植主要分布在华北平原的河南、山东、河北等省的县市以及南方的江苏、湖北、安徽等省的县市，此外甘肃、宁夏、内蒙古、新疆、四川等省份的县市种植规模也较大，而种植面积超过5万hm^{2}的县市共有96个，占小麦生产县的5.3%，主要分布在河南、内蒙古东部、安徽北部、江苏北部和湖北北部的县市。我国小麦总产量基本分布状况与小麦播种面积分布较为一致，同样主要位于华北地区和华东、华中地区的长江中下游地区的县市，其中总产量超过25万t的县市共有124个，占小麦生产县的6.9%。其中尤以华北平原内各县市的小麦总产量规模突出，这一趋势，一方面表明了小麦生产的规模效应显著，另一方面，由于华北平原水资源严重短缺的现状，使小麦生产与区域水资源供需状况矛盾突出，今后小麦生产进一步扩大面积严重的水资源短缺的限制，因此未来需在其他区域扩大小麦生产规模，以减缓华北地区的水资源短缺状况。

比较1978—2013年我国小麦播种面积和总产量的变化趋势（图2-17a）发现，小麦的播种面积自1978年以来经历了快速上升、迅速下降以及缓慢恢复三个阶段。在第一个阶段，小麦播种面积从2 918.26万hm^{2}增加到了3 094.79万hm^2，达到历史最高点，之后迎来一个迅速下降的阶段，到2004年，小麦播种面积仅为2 162.60万hm^2。从2005年开始，小麦播种面积不断

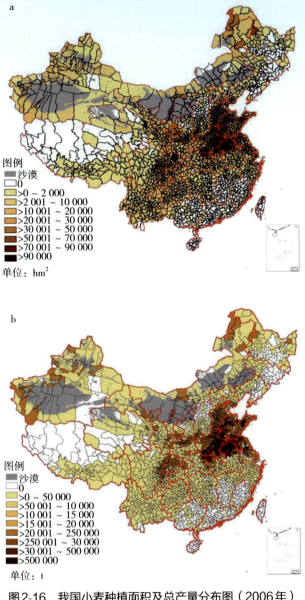

a

图例
■ 沙漠
□ 0
>0 ~ 2 000
>2 001 ~ 10 000
>10 001 ~ 20 000
>20 001 ~ 30 000
>30 001 ~ 50 000
>50 001 ~ 70 000
>70 001 ~ 90 000
>90 000
单位：hm²

b

图例
■ 沙漠
□ 0
>0 ~ 50 000
>50 001 ~ 10 000
>10 001 ~ 15 000
>15 001 ~ 20 000
>20 001 ~ 250 000
>250 001 ~ 30 000
>30 001 ~ 500 000
>500 000
单位：t

图2-16　我国小麦种植面积及总产量分布图（2006年）
（数据来源于国家种植业信息网）

恢复，到2013年，播种面积恢复到2 411.726万hm²，但总体来看，2013年小麦种植面积仍比1978年下降了17.4%。虽然近30多年来小麦总产量受气

81

候和播种面积变动的负面影响，但产量提升速度仍然较快，其中1997年总产量最高，达到12 328.9万t，随后几年小麦总产量虽有所下降，但自2004年开始逐步回升，至2013年已达到12 192.6万t，比1978年增产126.5%。而且从小麦单产的历年变化趋势（图2-17b）也可以看出，我国小麦单产从1978年的1.88t·hm^{-2}增加到了2013年的4.99t·hm^{-2}，单产增长幅度达到了165.4%，特别是在经历了从20世纪90年代的单产徘徊不前的情况下，进入21世纪，小麦单产水平迅速提高，对保证我国小麦总产保持稳定增加贡献较大。

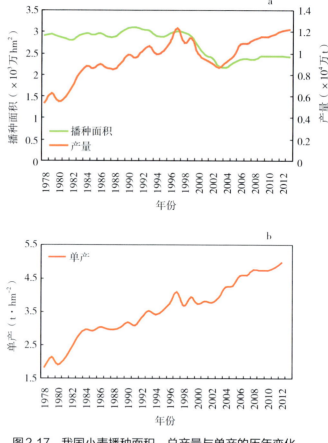

图2-17　我国小麦播种面积、总产量与单产的历年变化

（数据来源于国家种植业信息网）

1981—2008年我国小麦种植区域变化规律明显（图2-18）。1981年，我国小麦种植区域分布较为广泛，其中黑龙江、新疆、陕西和甘肃等地的播种面积均在100万 hm² 以上，而到2008年，上述地区的播种面积急剧萎缩；而河南、安徽和河北的播种面积近30年来分别增加了77.19万 hm²、44.23万 hm² 和9.21万 hm²。总体来看，我国小麦种植面积表现为逐渐向华北地区集中的趋势。

从小麦总产量的年际间变化来看（图2-19），表现为由南北向中东部集中的趋势，其中，山东、河南、河北以及安徽等省份增产趋势明显，而东北的黑龙江近30年来总产量持续降低，辽宁和吉林也出现不同程度的降低趋势，而南方的浙江、福建和广东的小麦总产量降低趋势更为明显。

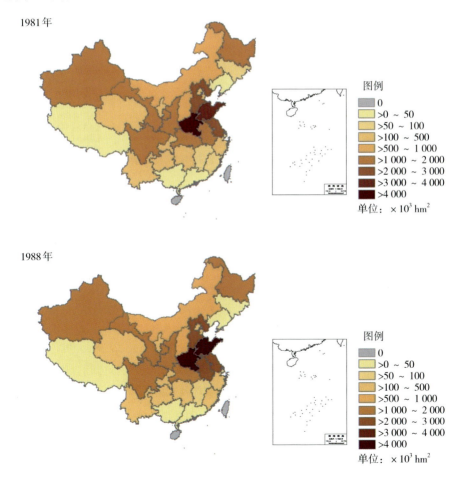

83

otas a r

1998年

2008年

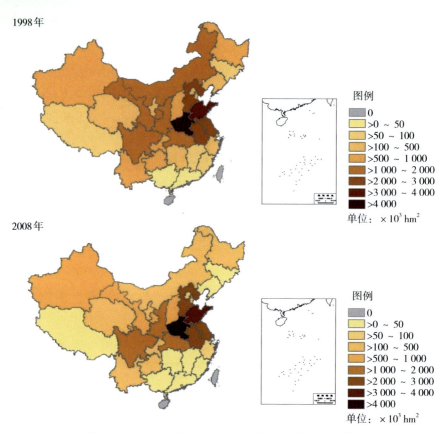

图2-18　1981—2008年小麦播种面积空间变化趋势

（数据来源于国家种植业信息网）

1981年

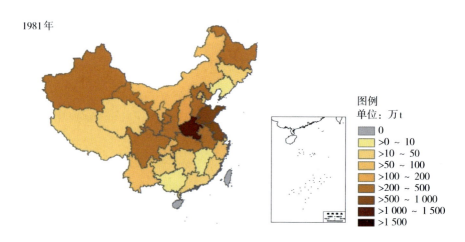

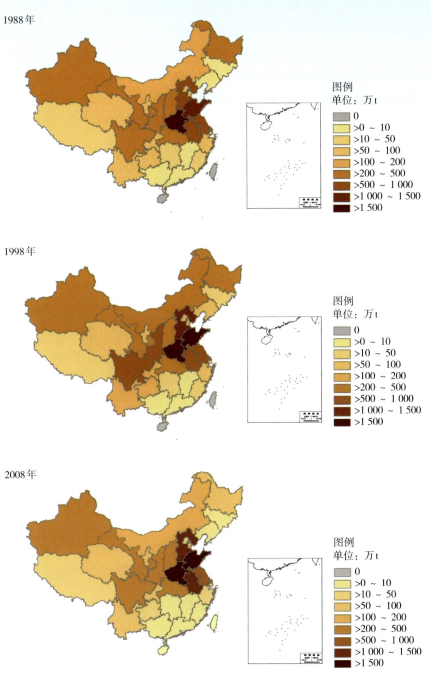

图2-19　1981—2008年小麦总产量空间变化

（数据来源于国家种植业信息网）

图2-20是1981—2008年我国小麦单产的年代间变化空间分布。从中可以看出，小麦单产区域间和年际间变化明显，北方小麦单产提升幅度高于南方，20世纪90年代小麦单产提高幅度高于21世纪。目前，小麦单产水平以河南、山东、河北等小麦主产区最高，达4 718.2～5 236.5kg·hm^{-2}，而南方则以江苏单产最高，达到了4 291.2kg·hm^{-2}。从图中还可以看出，我国西部的新疆、西藏的单产水平高于全国其他地区，但由于种植规模较小，导致总产量水平不高。总体来看，目前小麦单产优势集中在华北地区的山东、河南、河北以及西藏和新疆等地，而南方地区的小麦单产普遍较低，且增加幅度缓慢。

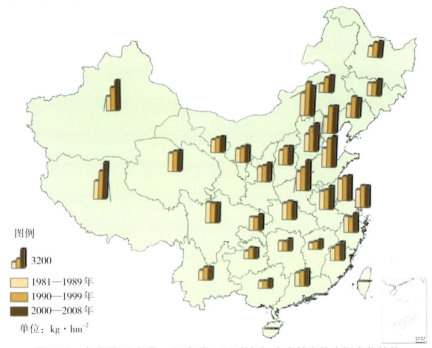

图例

3200

1981—1989年
1990—1999年
2000—2008年

单位：kg·hm^{-2}

图2-20　各省份80年代、90年代、21世纪初小麦单产的空间变化趋势
（数据来源于国家种植业信息网）

2.2　我国主要粮食作物生产的碳投入变化情况

2.2.1　三大粮食作物碳投入

所谓碳投入，是以作物生产系统为研究对象，确定功能单元和生命周期

的界限，明确系统边界内所涵盖的单元过程。通过统计资料、调研等方式获取区域尺度的各项投入清单数据，通过田间实验数据及田间调研获取农田尺度的投入清单数据，引用本地化的生命周期数据库——中国生命周期数据库（CLCD）对化肥、农药、电力等农资生产过程中的物质投入量转化二氧化碳当量，其中转换系数见表2-1。

表2-1　生产投入转换系数

生产投入	转换系数	单位
化肥		
氮肥	1.53	$kg \cdot kg^{-1}$
磷肥	1.63	$kg \cdot kg^{-1}$
钾肥	0.66	$kg \cdot kg^{-1}$
有机肥	1.77	$kg \cdot kg^{-1}$
农药		
杀虫剂	16.6	$kg \cdot kg^{-1}$
杀菌剂	10.6	$kg \cdot kg^{-1}$
除草剂	10.2	$kg \cdot kg^{-1}$
电力	1.23	$kg \cdot kwh^{-1}$
柴油	0.89	$kg \cdot kg^{-1}$
农膜	22.7	$kg \cdot kg^{-1}$
种子	0.58	$kg \cdot kg^{-1}$

据统计，1978—2012年我国主要粮食作物（水稻、小麦、玉米）生产中碳投入总量整体呈上升趋势（图2-21），1978—1984年三大作物的总投入量基本稳定，维持在3 500kg·hm^{-2}，1985—1994年碳投入总量急剧上升，至1994年达到6 971.5kg·hm^{-2}，比1985年的碳投入量增加了77.0％，10年来水稻、小麦、玉米的碳投入量均加大，导致总投入量显著增加。1995—2004年水稻、玉米的碳投入量增加缓慢，基本持平，但小麦的投入量大大增加，导致碳投入总量以每年153.9kg·hm^{-2}的速度增加。至2012年碳投入总量达到9 370.2kg·hm^{-2}，虽然小麦的碳投入量还在继续加大，但由于水稻、玉米的碳投入量有所下降，导致近几年总的碳投入量增长速度放缓。

比较发现（图2-22），物质投入中化肥的碳投入量最高，占总投入量的69％～73％，其次为电力投入量，约占17％～24％，最后为种子和农药。

粮食作物节能减排技术与政策初探

近35年中各项物质投入有所变化，虽然化肥用量有所增加，但其在各项物质投入中所占比例呈下降趋势，电力投入比重则从17%提高到23%。至于种子和农药，1978—1984年种子的碳投入量达8%，但随着育种技术的提高和新种质资源的挖掘，作物品种的数量和质量均大大提高，逐步降低了用种量，最近几年种子投入量仅占2%；自1978年至今，农药的使用量已由2%增至5%，农田病虫草害的增加和恶劣气候的增多导致田间农药的使用量大幅提升；农膜和柴油投入比重变化不大。

纵观全国各省作物生产的碳投入情况发现，陕西和山西两省的单位面积碳投入量最高，可达3 400kg·hm^{-2}，河北、河南、江苏、山东、新疆等省单位面积碳投入在2 782.1～3 054.0kg·hm^{-2}，海南、贵州的碳投入量最低，约为1 600kg·hm^{-2}（图2-23a）；对于单位产量的碳投入量（图2-23b），陕西省最高，达530g·kg^{-1}，其次为河北、河南、江苏、山东、山西等五省的平均碳投入量达422.8g·kg^{-1}左右，黑龙江、贵州、宁夏等三省的碳投入量为246.2g·kg^{-1}左右。这可能与各地区降水、灌溉条件、肥料用量和用种量有关。

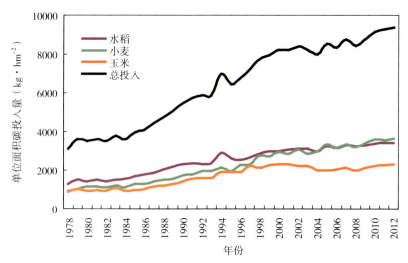

图2-21 1978—2012年我国三大粮食作物（水稻、小麦、玉米）
生产中的碳投入量

（数据来源于国家统计局）

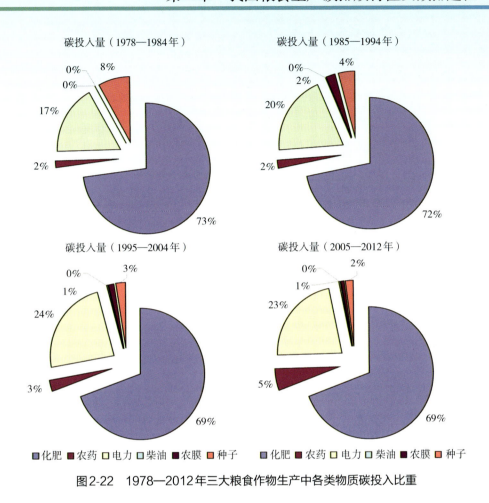

图2-22　1978—2012年三大粮食作物生产中各类物质碳投入比重

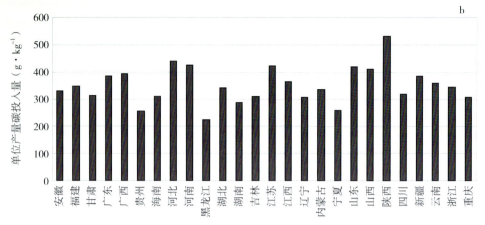

图2-23　全国各省份作物生产中的单位面积和产量碳投入量

（数据来源于国家统计局）

2.2.2 水稻生产碳投入

统计我国历年水稻生产中的物质碳投入情况（表2-2）发现，化肥的总投入量呈上升趋势，但其所占比重基本维持在67%左右，而农药的增加幅度较大，与1978—1984年相比，截至2012年近7年的平均农药投入较其高出了约561.5%，所占比重也增加了约6%；电力投入有所提升，维持在22.0%；种子的总投入显著降低，与1978—1984年相比种子投入降低了81.8%，所占比重也降至0.7%；柴油和农膜的投入和所占比重变化不大。

表2-2　全国水稻生产中的物质碳投入情况

年份	化肥		农药		电力		柴油		农膜		种子	
	碳投入 (kg·hm⁻²)	比重 (%)	碳投入 (kg·hm⁻²)	比重 (%)	碳投入 (kg·hm⁻²)	比重 (%)	碳投入 (kg·hm⁻²)	比重 (%)	碳投入 (kg·hm⁻²)	比重 (%)	碳投入 (kg·hm⁻²)	比重 (%)
1978—1984	981.4	67.2	46.2	3.2	305.2	20.9	—	—	—	—	126.7	8.7
1985—1994	1 510.2	70.3	75.4	3.5	486.1	22.6	5.2	0.2	4.8	0.2	68.0	3.2
1995—2004	1 940.5	67.1	133.4	4.6	770.0	26.6	4.9	0.2	6.8	0.2	36.1	1.2
2005—2012	2 239.2	67.7	305.6	9.2	731.4	22.1	2.5	0.1	6.7	0.2	23.1	0.7

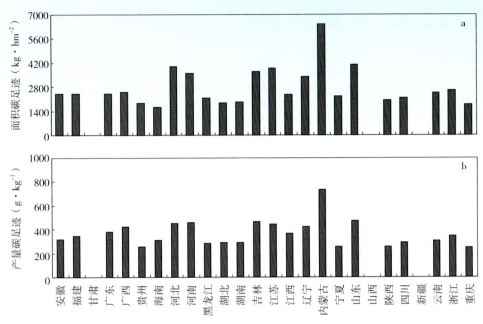

图2-24　全国各省份水稻生产中单位面积和单位产量碳投入量

（数据来源于国家统计局）

进一步比较了全国各水稻产区单位面积和单位产量碳投入量（图2-24）。内蒙古水稻单位面积碳投入量最高，可达6 456kg·hm^{-2}，但该地区水稻种植面积很少，仅8.9×10^{4}hm^2，河北、河南、吉林、江苏、辽宁、山东等省单位面积碳投入在3 784.2kg·hm^{-2}左右，其他种植水稻省份的单位面积碳投入量则较低；对于单位产量的碳投入量，仍是内蒙古最高，达734g·kg^{-1}，其次为河北、河南、吉林、江苏、辽宁、山东等五省，其平均碳投入量达518.4g·kg^{-1}左右。

2.2.3　玉米生产碳投入

比较发现（图2-25），我国玉米生产中化肥的碳投入量最高，平均占总投入量的77%，其次为电力投入量，约占13%～20%，最后为农膜、种子和农药。1978年以来的我国玉米生产中化肥的碳投入在总碳投入中所占比例呈下降趋势，由1978—1984年的82%的化肥投入比重下降到2005—2012年的72%，电力投入比重则从13%提高到20%，这可能主要用于玉米灌溉中的抽水用电。至于农膜、种子和农药，1978—1984年农膜的碳投入量达7%，但由于环境负效应，使用量有所降低，至2005—2012年碳投入量降低至4%；随着育种技术的提高和新种质资源的挖掘，作物品种的数量和质量均大大提高，种子的碳投入量由4%降至2%；自1978年至今，农田病虫草害的增加和恶劣气候的加剧导致田间农药用量大幅提升；柴油投入比重变化不大。

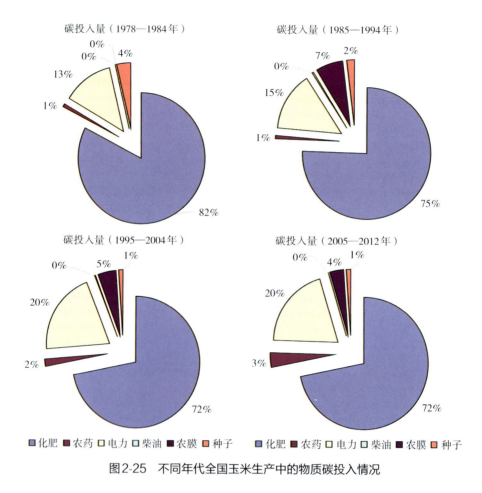

图2-25　不同年代全国玉米生产中的物质碳投入情况

统计全国各省份玉米生产中单位面积和单位产量碳投入量（图2-26）发现，甘肃、新疆、山西、陕西等四省份玉米单位面积碳投入量平均达3 174.6kg·hm^{-2}，黑龙江省玉米碳投入量最低，仅为1 317.5kg·hm^{-2}；对于单位产量的碳投入量，陕西省单位产量的碳投入量最高，达452.3g·kg⁻¹，其次为湖北、云南和重庆，黑龙江单位产量碳投入量最低，仅为188.5g·kg⁻¹。

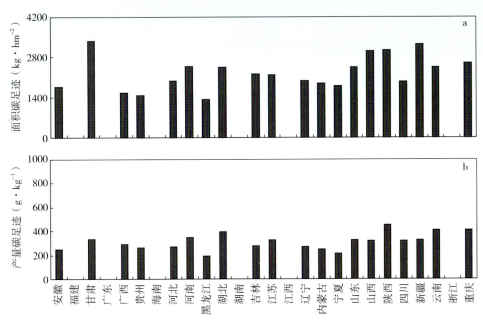

图2-26　全国玉米单位面积碳排放量、单位产量碳排放量统计

（数据来源于国家统计局）

2.2.4　小麦生产碳投入

　　小麦生产中物质投入中化肥的碳投入量最高，约占总投入量的70%，但历年化肥的碳投入量所占比重有所降低，2005—2012年的化肥碳投入所占比重较1978—1984年降低了2%，变化趋势与水稻和玉米生产一致；种子的碳投入量也呈递减趋势，由1978—1984年的11%降至2005—2012年的4%；而电力的投入量有所增加，自1978—1984年以来，电力的碳投入量由原来的17%增至25%；农药的碳投入量也有所增加，由原来的1%增至2%；农膜和柴油投入比重变化很小（图2-27）。

　　统计全国各省份小麦生产中单位面积和单位产量碳投入量（图2-28）发现，内蒙古、河北、山西、陕西等四省份玉米单位面积碳投入量分别为

4 479.4kg·hm⁻²、4 392.7kg·hm⁻²、4 258.3kg·hm⁻²、3 945.3kg·hm⁻²，黑龙江和云南省小麦的碳投入量最低，分别为778.4kg·hm⁻²和1 016.4kg·hm⁻²；对于单位产量的碳投入量，内蒙古和山西省小麦的单位产量碳投入最高，分别达837.0g·kg⁻¹和809.4g·kg⁻¹，黑龙江省小麦单位产量碳投入量最低，仅为176.5g·kg⁻¹。

总体来讲，近35年来我国三大作物的碳投入结构有所变化，虽然物质的投入有所增加，但增加幅度变缓。其中，化肥的碳投入比重最高，其次为电力、种子和农药，农膜和柴油的投入量所占比重最低。近35年中化肥碳投入量在各项物质投入中所占比例呈下降趋势，电力投入比重增加，因

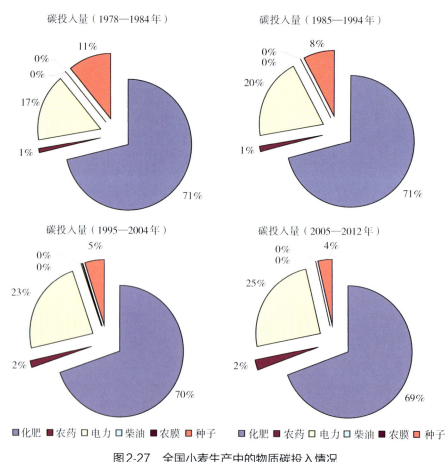

图2-27　全国小麦生产中的物质碳投入情况

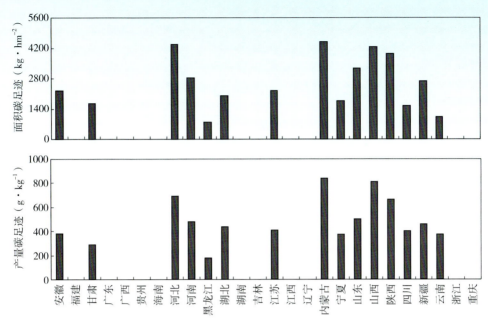

图2-28　全国小麦单位面积碳排放量、单位产量碳排放量统计

（数据来源于国家统计局）

育种技术的提高和新种质资源的挖掘，作物品种数量和质量的提升降低了用种量，使种子碳投入所占比重大幅降低，而农药的使用因农田病虫草害和恶劣气候的加剧大幅提升；农膜和柴油投入比重变化不大。

2.3 粮食作物生产的节能减排途径及可行性

2.3.1 节能减排的潜力分析

我国目前农作物水平较低，农田固碳减排也存在巨大潜力。中国有18亿亩耕地，土壤有机碳库尤其是主要农业区表层土壤有机碳库比较贫乏，全国耕地平均有机碳含量低于世界平均值的30%以上，低于欧洲50%以上。据研究，我国农田固碳潜力在2.2 ~ 3PgC之间，增汇减排总量每年可达46.8TgC，约相当于我国当前每年碳排放总量的6%。黄耀等（2006）分析了我国1993年以来关于区域耕地土壤有机碳变化的200余篇文献中近60 000个土壤样品的测定结果后，发现近20年来53% ~ 60%的耕地面积的

土壤有机碳含量呈增长趋势，而30%～35%呈下降趋势，4%～6%基本持平。这种趋势在不同的地理气候区存在差异。在此基础上，他们估计近20年来中国农田土壤表土有机碳储量增加了300～400Tg。2010年，中国农业灌溉用水量为3500亿m³，有效利用率仅为50%，而发达国家在80%以上。中国农药的有效利用率仅为30%，也远远低于发达国家水平。全国农田氮肥当季利用率仅有30%左右，如果氮肥利用率提高1个百分点，全国就可减少氮肥生产的能源消耗250万t标准煤。推广稻田间歇灌溉可减少单位面积稻田CH_4排放30%；推行缓释肥、长效肥料可减少农田N_2O排放50%～70%。可见，只要技术合理，农田固碳减排潜力巨大。

2.3.2 节能减排的技术途径

我国粮食主产区作物生产中不仅存在化肥、农药、灌水等用量过多、施用技术和时期不科学等问题，而且存在因秸秆还田面积小、还田技术不合理、配套农机具作业效率低等引起的秸秆随意堆弃，甚至焚烧等现象，这不仅导致了农业投入的严重浪费，农田土壤固碳能力受限，而且造成了环境污染，提高了农田温室气体的排放量。若通过减排技术和固碳技术结合的方式，开展减排新材料筛选、新种植模式和耕作模式创新、化肥减量以及优化灌溉等技术，促进生产节肥、节水、节药，增强土壤固碳能力，提高土壤有机碳含量，实现节能减排的目标。主要技术途径如下：

（1）农田固碳减排新材料的筛选。根据稻田CH_4和旱地N_2O的产生、排放特征和减排机制以及土壤碳循环机制，目前已经研制出诸如新型肥料替代品、CH_4与N_2O抑制剂、生物碳等新材料，具有显著的减排效果。因此生产上可以选用合适的新型固碳减排材料，在保障粮食作物稳产的前提下，筛选出利于当地作物增产、水肥增效和农田增碳减排的新材料及其高效施用方法，实现农田高产和固碳减排的协同。

（2）耕种模式创新。近年来随着科技的进步，农田温室气体减排技术得到了迅速发展，涌现了一批高新技术措施和配套的种植模式，减排效果明显。同时，秸秆还田与保护性耕作技术是改良土壤性质、提高土壤肥力、增加土壤有机质含量的有效办法。因此，可以开展秸秆还田、少免耕等固碳技术进行秸秆还田技术模式筛选、机械化秸秆粉碎抛撒、翻耕埋茬整地等技术应用，创新各主产区适宜的耕种模式，筛选适宜示范区的高产高效减排的技术模式（图2-29、图2-30、图2-31），实现农田的资源高效利用和增碳减排的目标。王小彬等（2011）认为，基于中国农业土地利用管理下的土壤碳汇潜力估算，尤其是推行优化管理措施下（如增加秸秆还田、有机肥施用、少免耕技术等），未来50年中国农业土壤固碳减排潜力约为87 ~ 393TgC·a，相当于抵消中国工业温室气体排放总量的11% ~ 52%，其中实施农田管理措施（包括有机肥应用、秸秆还田、保护性耕作）对土壤固碳的贡献率约为30% ~ 36%（相当于抵消工业温室气体排放的3.4% ~ 19%），可见，中国农业土地利用管理在固碳减排中具有巨大的潜力。潘根兴等（2008）认为，我国农田土壤具有显著的固碳减排潜力，其中稻作农业的土壤固碳潜力十分突出。据报道，近20年来我国南方稻田生态系统土壤有机碳含量普遍呈升高趋势，表现为重要的碳"汇"。另外，农林复合系统是解决当前资源枯竭、农林用地紧张和实现环境保护的一种可持续土壤管理模式。相比于农作物，农田林网生长周期长、生物量大，可以将更多的大气二氧化碳固定在木材和枯枝落叶当中。农田林网可以增强抗灾减灾能力，促进农业稳产高产。

图2-29　水稻秸秆粉碎还田（张俊，2015）

图2-30　秸秆机械打捆（石祖梁，2012）

图2-31　玉米秸秆还田（张俊，2015）

（3）化肥减量节能减排技术。化肥等投入品减量，是促进农田直接和间接减排的关键技术。目前农户在作物生产中，施用的化肥种类主要是氮肥，存在肥料用量、方法和时期不科学等问题。因农村劳动力结构转型，农户的施肥方式简化，多半是在播种或移栽前一次性施用；而且施肥方法多为人工撒施，这不仅造成了肥料资源的浪费，降低了肥料利用率低，还会严重影响作物生长，在生育后期出现倒伏早衰等现象。通过开展精准配方平衡施肥，结合机械化高效施肥技术，通过对农田耕层土壤样品的肥力测定与农户生产情况调研进行综合分析，结合不同作物在各生育期阶段的需肥规律、土壤供肥性能和肥料效应，提出综合施肥方案，在保证粮食产量稳定的前提下，达到直接减少化肥施用量和农田N_2O排放，间接减少肥料生产、运输耗能的目的。

（4）优化灌溉技术。目前粮食主产区存在灌溉方式不合理、灌溉用水量大、作物水分利用效率低等问题，同时由于灌溉水经沟渠后再次排入河流，携带大量农田养分，造成水体N、P含量较高，有发生面源污染的可能。因此，开展优化灌溉技术应用示范，有利于减少灌溉水用量、降低灌溉耗能，降低大气污染与温室气体排放的效果，同时增加粮食产量，达到节能减排、降低单位产量粮食生产的温室气体排放水平的目的。

（5）其他节能减排技术。针对病虫草害防控，作物生产中农药使用存

图2-32　无人机农药喷洒（张俊，2015）

在一系列问题，如随意加大农药使用量、增加打药的次数、见虫就打等现象。若通过精准施药和统防统治技术的结合，开展病虫草害诊断、害情预测预报，指导农民适期统防统治等技术环节的示范应用（图2-32），可大幅度减少农药的使用，同时减少农药对环境的潜在污染，实现农户的节本增效、农田的节能减排。

2.3.3 促进节能减排的农民培训

随着农村劳动力结构的转型，现阶段从事农业生产的人员，多是年龄比较长、文化水平较低、经济实力比较弱的群体。虽然存在一部分的农业大户、农业企业和合作社，但总体的生产水平和技术水平还比较低，对新技术的运用能力还不高，因此有必要开展技术培训与服务、技术咨询与指导和技术服务能力的建设，以提升生产者的知识水平，提高其对新技术和新生产模式的接受能力。首先，根据作物主产区生产实际问题，组建作物生产技术专家团队，聘请有关土壤、肥料、植物保护、农机农艺等领域的专家，指导新技术的应用和推广；其次，依托村级服务培训平台，在作物生产的关键时期和农闲阶段，以集中授课、田间培训、媒体宣传等形式开展有关土肥优化管理技术、植保技术、农艺农机等方面的培训和实际指导服务，同时结合现场观摩、示范和宣传，建立制度化、长期化的技术培训体系（图2-33）。

图2-33　稻茬麦播种技术培训（石祖梁，2013）

2.3.4 促进节能减排的政策激励

农业政策创新重点围绕通过提高生产力和收入确保粮食安全、适应气候变化以及促进减缓气候变化的总体目标，通过政策和制度优化设计，集成相关部门资源优势，探索建立协调粮食增产与农民增收、固碳减排与适应能力提升的政策措施与技术途径。通过农户参与式调研、基层农技人员及相关管理部门人员访谈、文献资料收集等方式，组织相关领域专家开展气候智慧型农业政策与制度优化的研究交流（谭淑豪等，2009）。编制粮食作物生产低排放技术应用标准、规程和操作指南，形成农业投入品生产管理的技术导则，结合激励机制，促进粮食生产固碳减排技术传播和应用。

参考文献

黄耀，孙文娟，2006. 近20年来中国大陆农田表土有机碳含量的变化趋势[J]. 科学通报，51(7): 753-763.

刘晓梅，2004. 中国粮食安全战略研究[M]. 北京：中国市场出版社.

潘根兴，2008. 中国土壤有机碳库及其演变与应对气候变化[J]. 气候变化研究进展，4(5): 282-289.

谭淑豪，张卫建，2009. 中国稻田节能减排的技术模式及其配套政策探讨[J]. 科技导报，27(0923): 96-100.

唐海明，汤文光，肖小平，等，2010. 中国农田固碳减排发展现状及其战略对策[J]. 生态环境学报，19(7): 1755-1759.

王小彬，武雪萍，赵全胜，等，2011. 中国农业土地利用管理对土壤固碳减排潜力的影响 中国农业科学，44(11): 2284-2293.

殷培红，方修琦，马玉玲，等，2006. 21世纪初我国粮食供需的新空间格局[J]. 自然资源学报，21(4): 625-631

余振国，胡小平，2003. 我国粮食安全与耕地的数量和质量关系研究[J]. 地理与地理信息科学. 19(3): 45-49.

周丁扬，2008. 全国耕作制度演变及其对粮食安全的影响[D]. 北京：中国农业大学.

第三章
我国粮食作物生产节能减排评价指标与方法

　　国内外科学家对粮食作物生产节能减排已开展了广泛的研究，并且已经得到了很多与粮食作物生产中节能减排［如农田土壤固碳和温室气体（CH_4 和 N_2O）减排］相关的技术措施。然而，当前多数研究主要关注节能减排效应的某一个或某两个方面，如农田固碳、N_2O 排放、CH_4 排放、农田投入排放以及其中两者之间的结合，反映粮食作物生产节能减排效应或潜力等所采用的指标不完全一致，缺乏一套科学、系统的评价指标，不能够全面地估算农田管理措施的节能减排效应，因此会影响其结果的合理性。此外，由于中国幅员辽阔，气候条件和作物生产模式时空差异较大，用于估算农田管理技术措施的农田固碳量、N_2O 和 / 或 CH_4 排放量和粮食产量的评价方法也不一致，导致不能科学、有效地对节能减排措施进行评价，进而影响农田生产节能减排措施的区域性和规模性的应用。本章节在系统整理国内外粮食作物生产节能减排技术评价指标的基础上，对粮食作物生产节能减排的相关指标进行科学的对比和分析，根据我国农业生产实际情况，确定适用于我国粮食作物生产节能减排的评价指标，同时对涉及指标计量的相关方法及其时间尺度进行研究，构建出科学准确的粮食作物生产节能减排的评价方法体系，有助于全面提升我国农田温室气体研究能力，对于适用减排技术的推广应用，减排目标的实现均具有非常重要的作用，从而为我国农业生态系统的可持续发展提供支撑。

3.1 评价指标的确定

3.1.1 初始参评指标

　　作物生产节能减排技术评价是一个包括作物、土壤和大气在内的综合评价系统，通过对大量文献的阅读和甄别，总结概括了目前国内外涉及农田固碳和温室气体减排方面的指标（表3-1）。主要集中在农田固碳、非CO_2温室气体（N_2O 和 CH_4）、农田投入碳成本、作物产量和经济效益等几个方面，每个方面又包括不同的指标及其内容。

表3-1　作物生产节能减排技术评价指标汇总

一级指标	二级指标	待选指标
温室气体	农田固碳	生物量碳库
		残余物碳库
		CO_2排放量
		土壤有机碳变化量
		土壤碳收支
		净生态系统碳平衡
	N_2O	直接排放
		间接排放
	CH_4	水田
		旱地
	农田投入排放	直接排放
		间接排放
粮食产量		单位产量
		单位产量下温室气体排放强度
经济效益	收益	售粮收入
		碳交易收入
		政府补贴
	成本	可变成本
		固定成本

3.1.2 指标确定原则

指标体系的建立是评价的重要环节，评价指标的选择直接影响了农田固碳减排技术评价结果的科学性和合理性（庄严，2006；李晓渊，2010；翟治芬，2012）。本研究对参评因子的选取遵循以下原则：

（1）代表性原则。能够确实地反映出农田管理技术对温室效应的影响。

（2）客观性原则。确实能够反映出社会和生态环境的实际需求。

（3）完整性原则。尽量包含与农田固碳技术和温室气体减排技术评价相关的所有内容，保证指标的完整性。

（4）主导性原则。在不影响指标完整性的原则下，选取对农田管理技术固碳减排效果起主导作用的因素，尽量减少指标的数量。

（5）可操作性原则。各指标要便于计算，实用性强，所需的基础数据易于采集。

3.1.3 指标的筛选

3.1.3.1 粮食产量指标

我国粮食产量已经实现了10年连续增长，随着我国人口增长速率的下降（第六次人口普查表明其已经下降到0.57%）（乔晓春，2011），我国粮食自给水平也在不断提高。但是我国人口基数大，人均耕地面积小（国土部，2013），"确保谷物基本自给和口粮绝对安全"是依据我国实际情况制定的，保障我国经济和社会稳定和长远发展发展的基本要求。因此，在对节能减排技术进行评价时，必须遵循客观性原则，必须稳产减排，将稳定单位面积粮食产量作为评价的约束性指标，如该技术未能稳定或提高单位面积粮食产量，即使其温室气体减排效果非常显著，也是不合理的。若采用温室气体排放强度这一指标，其值越小，意味着生产单位质量的粮食产量需排放的温室气体越少，但其不能完全保证单位面积粮食产量稳定，因为存在着"温室气体排放降低幅度高于粮食产量降低幅度"的可能性。

3.1.3.2 温室气体指标确定

（1）固碳指标。对于表征农田土壤固碳的不同指标而言，通过图3-1可知，一年生农作物生长会吸收大气中的CO_2，但其死亡后的多数残余物在短期内经过焚烧或（和）还田分解又以CO_2的形式返回到大气中，而少量残余物可能固存在土壤中。因此，在典型农田中，生物量碳库（BCP）和残余物碳库（DOCP）基本处于平衡状态，不能反映农田管理技术的温室效应，并且多数农田土壤固碳研究对这两者也不予考虑。而对于CO_2排放量（CO_2-E），利用暗箱法直接测量农田系统CO_2排放（包含土壤呼吸和农田作物地上呼吸）未考虑到作物吸收的CO_2、移出物分解的CO_2等因素，直接测量农田表土CO_2排放（Bhatia et al.，2005；Sampanpanish，2012）则忽略了土壤碳投入（如作物根系分泌物和有机肥投入等）的影响，结果只是生态系统总呼吸或土壤呼吸，不能全面反映农田生态系统碳平衡，存在片面性。三者都不具有代表性，不能作为评价指标。

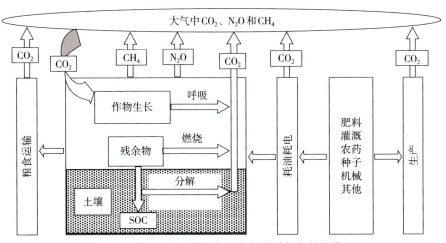

图3-1　农田生态系统与大气间的碳氮气体交换

　　dSOC指标存在的主要问题在于采用某项技术后土壤SOC含量发生显著变化所需时间的不确定性。对于碳投入相差较大的对比处理（如秸秆还田与不还田），其可能在短期内（3～6年内）就发生显著变化（Adviento-Borbe et al.，2007；张鹏等，2011；高翔等，2012）；但对于碳投入相差不大的对比处理，如不同耕作方式或不同轮作方式对SOC的影响则在短期内很难发生显著变化（Campbell et al.，2000；Al-Kaisi et al.，2005；Liang et al.，2007），因此有些研究者（如刘巽浩等，2013）认为短期试验内可被忽略。

SCB指标中，根呼吸在土壤呼吸中的比重因作物种类和季节的不同而具有非常大的波动幅度（Hanson et al.，2000），因此土壤微生物异养呼吸很难确定一个定值。若采用裸地来测量土壤微生物异养呼吸，其与实际的有根土壤环境并不完全一致；若在土层中布置微气孔袋，可最大限度地减少土壤根呼吸，但也会对原有土壤环境造成破坏。此外采用暗箱法测量CO_2也存在着不确定性，如Duiker and Lal（2000）的SCB测定值与土壤SOC的变化相反。若采用同位素方法虽可避免以上问题，但其试验设备复杂，操作困难，分析测定昂贵（Hanson et al.，2000），不利于对该指标进行多年测量。

NECB指标涉及因素较多且不易获取，其中NEE值多采用涡度相关（图3-2）等微气象方法来确定（Smith et al.，2010），不适用于小面积（≤1 000m^2）的田间试验（Zheng et al.，2008）。短期内（1年）有些研究者（Ma et al.，2013；Zhang et al.，2013a）结合静态箱法来计算NEE，如

$$NEE=R_H-NPP \qquad 公式（3-1）$$

式中，R_H为土壤异养呼吸；NPP为净初级生产力。

$$NEE=GPP-R_e \qquad 公式（3-2）$$

式中，GPP为总初级生产力；R_e为生态系统总呼吸。

图3-2　涡度相关法

公式3-1中R_H为作物行间测定的CO_2排放量，但其很难完全排除作物根呼吸；而采用暗箱法来估算公式3-2中R_e不适用于玉米等高秆作物；NPP和GPP的获取是结合其他文献来获得，因此也增加了其结果的不确定性。

淋溶性无机碳和有机碳的测定比较困难，往往认为其量不大而被忽略，但实际情况却并非如此。Minamikawa et al.（2010）通过试验测定，稻田土壤淋溶有机碳量占其CH_4排放碳量的一半以上；Kindler et al.（2011）结合原子示踪等方法确定出欧洲农田淋溶的无机碳和有机碳总量约占公式1.5（$NECB = C_i - C_o - NEE - CH_4$）所计算的NECB值的25%，可见在短期尺度下其量也不可以完全忽略。

经过综合比较（表3-2），按照代表性和可操作性原则，评价农田管理技术固碳效果的指标建议采用dSOC来表征。此指标不必考虑太多因素，虽然需要较长时间尺度的数据，但在目前应用中比较广泛，而且IPCC中也采用了dSOC来计算土壤固碳量。

表3-2　农田固碳指标比较

指标	合理性比较
生物量碳库（BCP）	基本处于平衡状态，排除
残余物碳库（DOCP）	基本处于平衡状态，排除
CO_2排放量（CO_2-E）	CO_2排放量考虑片面，排除
土壤有机碳的变化量（dSOC）	方法直接，应用广泛，但监测时间长
土壤碳收支（SCB）	可短期计算，但土壤异养呼吸不易获取
净生态系统碳平衡（NECB）	可短期计算，但涉及因素较多且不易获取

（2）农田投入排放。从系统论的角度出发，为了满足对粮食的需求，需要投入生产资料，但投入物料在生产制造（间接排放）和投入到农田时（直接排放）都会消耗化石能源并排放CO_2等温室气体（图3-1）。从表3-3可以看出，农田管理技术发生改变，农田投入总排放变化可能增强农田管理技术的CO_2减排效果（West and Marland，2002a），也有可能会部分或全部抵消最初的农田土壤固碳效果（逯非等，2008），因此需要将两种排放都纳入到农田减排技术评价指标中。

表3-3　农田投入排放对固碳效果的影响

管理措施	玉米		小麦		N肥利用现状	增施N肥
	CT	NT	CT	NT		
土壤固碳量	0	−460	0	+23	−21.9	−30.2
农田投入碳排放	+253	+245	+176	+121	+43.1	+53.8
净碳排放	+253	−215	+176	+144	+21.2	+33.6
相对碳排放		−468		−32		+12.4
单位	kg C ha^{-1} yr^{-1}				Tg C yr^{-1}	

注：+增加排放；−减少排放；CT：传统耕作；NT：免耕。

（3）CH_4和N_2O。全球范围内农业排放CH_4占人类活动造成的CH_4排放总量的50%，N_2O占60%，并且N_2O和CH_4的全球增温潜势（GWP）在100年时间尺度下分别为CO_2的298倍和25倍（IPCC，2014a），因此需要将这两种温室气体纳入农田减排技术评价指标中。

在N_2O排放中，农田管理中化肥和有机氮肥的N_2O直接排放系数都为0.01kg N_2O- N kg^{-1} N。化肥和有机氮肥通过挥发和再沉降产生的间接排放系数分别为0.001和0.002kg N_2O-N kg^{-1} N，通过溶淋/径流产生的间接排放系数都为0.002 25kg N_2O-N kg^{-1} N，其间接排放系数总和分别达到0.003 25和0.004 25kg N_2O-N kg^{-1} N（IPCC，2007），其排放量也不能完全忽略。虽然间接排放中的NH_3和NO_x等物质不易被全部监测，不具备可操作性，但也可以直接依据其排放系数来计算。

土壤中的CH_4主要源于微生物在极度缺氧条件下的有机化合物分解过程，主要发生在种植水稻的淹水状态下。旱地CH_4多表现为汇(Bhatia et al.，2012；Zhou et al.，2014)，但其吸收量与稻田CH_4排放相比相差很多，对整体碳平衡的影响较小，因此按照主导性原则，对旱地排放可以忽略，仅考虑水田排放。

3.1.3.3 经济效益

在经济收益方面，售粮收入和政府补贴都是农民收入的主要来源，而依据完整性原则，若农民改进农田管理措施而减少了温室气体排放，其碳交易收入也应该计算在内。我国2014年碳交易价格每吨为32元（Jotzo 等，2013）。

在成本投入方面包括固定成本（如农用机械、灌溉基础设施等投入资金）和可变成本（如种子、化肥、有机肥、农药、灌溉、耕地等投入资金）。农田建设中与灌溉相关的机井房建设、管道和电缆铺设等固定成本中的投资主要由政府部门来负责，而农用机械的固定成本会体现在农田生产的灌溉、耕地收费当中，因此依据客观性原则，在成本投入方面可以不考虑固定成本投入，而仅包含农田生产过程中的可变成本。

3.1.4　指标的确定

从图3-3可以看出，农田固碳、N_2O 排放和农田投入排放对温室效应都有重要影响（Adviento-Borbe et al.，2007；黄坚雄等，2011），其中土壤有机碳虽然在短期内不易得出其变化量（刘巽浩等，2013），但通过长期试验得出的年变化量在温室气体排放中所占的比重是相当显著的，不能因为其短期内变化不显著就将其忽略。因此，从农田生态系统完整性的角度考虑，需要同时考虑农田管理技术对这4个方面的温室效应的影响，缺少任何一方都会使最终结果有失偏颇。

我国人口众多，保障粮食安全是发展的前提，必须稳定和提高单位面积粮食产量，充分提高土地利用率（多熟制），并保证一定的农田生产投入。因此，与偏重于经济效益或资源环境保护的国家相比，我国农田生产

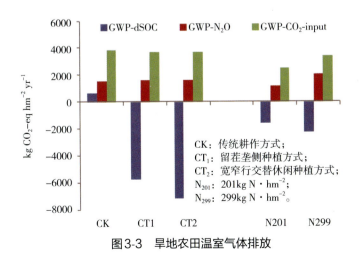

图3-3　旱地农田温室气体排放

投入高，因此也带来了较多的温室气体排放，但多熟制的土地每年单位面积粮食总产量比一熟制要高。采用每年单位面积温室气体排放量作为农田管理技术的评价指标会忽略对粮食产量的影响，而每年单位产量温室气体排放量——温室气体排放强度这个指标则可兼顾温室气体和粮食产量，更适合作为我国农田管理技术的评价指标，但温室气体排放强度并不能完全保证粮食产量稳定，因此需要在保证单位面积粮食产量的前提下，再进行温室气体排放强度指标的比较，最后对农田管理技术的经济效益进行分析，并将其作为技术是否可行的标准。

表3-4　农田减排技术评价指标

指标类型	指标层	分项指标
约束指标	单位面积粮食产量	—
综合指标	温室气体排放强度	粮食产量
		土壤有机碳变化量
		N_2O 直接排放
		水田 CH_4 排放
		农田投入直接和间接 CO_2 排放
可行性指标	经济效益	售粮收入
		政府补贴
		碳交易产值
		可变成本

通过对农田生态系统相关评价指标的综合比较，确定出适用于我国的农田减排技术评价指标（表3-4），以单位面积粮食产量作为约束性指标，温室气体排放强度作为综合指标，经济效益作为可行性指标。其中除产量以外的4个与温室气体相关的分项指标需要相互叠加，才能完整地表现出农田管理技术对大气温室效应的影响，因此不涉及权重的问题。

结合前人研究（Li et al., 2006；Mosier et al., 2006；黄坚雄等，2011），汇总出农田管理技术温室气体排放强度的综合计算方法，公式如下：

$$GHGi=GHG_A /yield \qquad 公式（3-3）$$

$$GHG_A=N_2O \times 298+CH_4-paddy \times 25 + CO_2-input-dSOC \times 44/12$$

$$公式（3-4）$$

式中，GHGi 为温室气体排放强度（kg CO_2-eq yield^{-1}）；GHG_A

为温室气体总排放（$kg\ CO_2\text{-}eq \cdot hm^{-2} \cdot yr^{-1}$）；*yield* 为年总产量（$kg \cdot hm^{-2} \cdot yr^{-1}$）；*CH$_4$-paddy* 为水田$CH_4$排放；*CO$_2$-input* 为农田投入在生产和运输过程中的排放（$kg\ CO_{2\text{-}eq} \cdot hm^{-2} \cdot yr^{-1}$）；*dSOC* 为土壤有机碳增加量；298和25分别为N_2O和CH_4相对于CO_2的增温潜势，44/12为C转换为CO_2的系数。

3.2 评价方法的确定

在作物生产节能减排技术评价指标中，SOC、CH_4、N_2O和产量的计量方法主要有田间试验、IPCC（Tier1和Tier2）和模型方法。而农田生产和运输过程中产生的CO_2的排放主要通过生命周期法确定排放系数。

3.2.1 田间试验方法

3.2.1.1 土壤固碳(SOC)

目前很多试验取样的土壤深度为20cm或更浅，会导致夸大或缩小农田管理措施的实际固碳量。通过汇总West and Post（2002）和VandenBygaart et al.（2003）中的172个取样深度在0～50cm之间的点位数据，得出在取样深度≤25cm的82个点位中，免耕固碳率高于传统耕作的点位占比约为91%，而在取样深度≥30cm的90个点位中，其占比下降到58%，因此为客观反映农田管理措施的固碳效果，土壤取样深度应不小于30cm。

利用田间试验来估算土壤有机碳的变化量，存在着两个不确定性，其中一个为两个不同技术之间达到显著性差异所需时间的不确定性，另一个为土壤固碳时间长度的不确定性。Smith（2004）利用Roth-C模型估算，若抽样密度在100个以上，将土壤碳投入增加15%，则可在10～15年监测出土壤SOC库的变化达到本底值的3%（将土壤碳投入增加25%，则可在7～10年监测出土壤SOC库的变化达到本底值的3%），但一般农田试验的抽样密度都在10个以下，因此监测出土壤有机碳库发生显著变化（需要达到本底值的15%）所需时间更长。从表3-5中可看出，各耕作之间的SOC在短时间内很难发生显著变化，该结论也与Lal et al.（1998）的结论相一致，即从传统耕作到免耕的前2～5年内SOC基本不会增加，因此可假设其短期内（5年）无差异；但相对于碳投入相差较大的处理（如秸秆还田与不还田），

粮食作物节能减排技术与政策初探

其可能在短期内（5年内）就发生显著变化。

表3-5　不同管理措施对土壤有机碳的影响（6年以内）

管理技术	时间尺度	土层	SOC变化显著性	参考文献
免耕、少耕和常耕	6年	0～20cm	无	Franzluebbers and Arshad（1996）
免耕、凿耕、犁耕、带耕和深松	3年	0～30cm	无	Al-Kaisi et al.（2005）
犁耕、垄作和免耕	3年	0～30cm	无	Liang et al.（2007）
秸秆还田与不还田	4年	0～20cm	有	张鹏等，2011
秸秆还田与不还田	6年	0～30cm	有	高翔等，2012
秸秆还田与不还田	3年	0～15cm	有	Zeleke et al.（2004）
玉米单作与玉米—大豆轮作	6年	0～30cm	有	Adviento-Borbe et al.（2007）
不同作物轮作	6年	0～15cm	无	Campbell et al.（2000）

对于土壤固碳时间长度，短期试验很难得出这些结论，因此在估算温室气体排放时总被忽略。一些研究者通过汇总大量试验数据得出不同农田管理措施下土壤固碳达到平衡状态的时间尺度（表3-6），可看出多数管理措施的固碳量达到平衡状态的时间多在20年左右，有机肥的固碳时间在50年左右，有机无机肥配施因地区差异较大，而超过20年的技术措施其大部分固碳效应主要体现在前20年。

表3-6　不同农田管理措施下土壤固碳达到平衡状态的时间尺度

管理措施	多地区平均值	长江三角洲	南方稻田	华北地区
免耕	21	/	/	18
增加轮作强度	26	/	/	/
秸秆还田	/	20	/	22
有机肥	/	40	57	48
有机无机肥	/	/	54	26
氮肥	/	/	22	/
氮磷肥	/	/	28	/
氮磷钾肥	/	/	38	/

文献来源：West and Six（2007）；Rui and Zhang（2010）；Zhu et al.（2012）；朱利群等，（2012）。

3.2.1.2 N_2O和CH_4排放

在目前田间测定土壤和大气间微量气体排放通量的方法中，静态箱—气相色谱法（图3-4）的应用非常广泛。采样时间一般在早上9:00～11:00进行，这一时段田间可操作性强，排放通量与日平均通量相当；采集来的气体用气相色谱仪测定N_2O和CH_4的浓度；利用内插法计算相邻两次监测之间未监测日期的排放通量，然后将每天的交换通量累加即可得到季节或年气体交换总量（Zheng et al.，2008a；Wang et al.，2010）。在田间试验中，获得N_2O或CH_4排放量的工作量比较大，多数研究者

图3-4　静态箱—气相色谱法

一般进行1年田间试验（Mosier et al.，2005），也有研究者进行了多年（3年及以上）田间试验（Adviento-Borbe et al.，2007；Omonode et al.，2011）。由图3-5可看出N_2O和CH_4年际间的排放之间存在着较大的变异性，因此多年以上的试验监测更为可靠。

3.2.1.3 粮食产量

在田间试验中，不同田间管理措施对粮食产量的影响达到显著性差异所需时间长度具有不一致性。只进行1年的田间试验并不能完全反映其变化趋势，如减氮试验中，由于土壤中原有养分含量比较充足，减氮施肥与

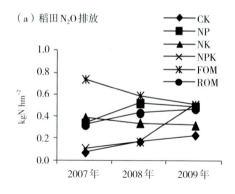

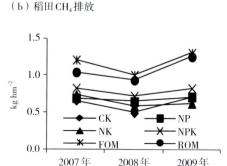

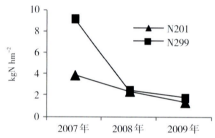

图3-5 CH$_4$和N$_2$O年际间的排放变化

（数据来源：Adviento-Borbe et al.，2007；Shang et al.，2011）

农民习惯施肥的夏玉米产量在开始1年可能相差不大，但以后可能会表现出明显差异（茹淑华等，2012）；与无机肥相比，有的研究得出无机有机肥配施增加粮食产量可在短期内（3年）体现出来（张秀芝等，2012），而有的研究得出其在15年的时间尺度上无显著变化（陈长青等，2010）；秸秆还田存在滞后效应，其对产量的效应可能需要10年以上的时间才能体现（高洪军等，2012）。因此，验证农田管理措施对于粮食产量的影响最好进行3年以上的田间试验。

综上可知，在估算农田管理措施对于SOC、N$_2$O（CH$_4$）和产量的影响时，田间试验是最直接和可信的方法，但其测量指标较多，需要较高的人力投入，并且对于SOC和产量还可能需要较长的时间尺度。若对所有的农田管理措施都开展田间试验，则需要较高的时间成本和经济成本。

3.2.2 IPCC方法（Tier1和Tier2）

IPCC方法用于估算区域固碳量、N_2O 和 CH_4 排放量。其中 Tier1 方法中，IPCC提供了计算公式和缺省值，Tier2 方法可采用与 Tier1 相同的方法学公式，但采用的排放和碳库变化因子都是基于各自国家或地区特定数据而得出的。

3.2.2.1 土壤固碳

对于 Tier 1，计算矿质土壤 SOC 的缺省深度为30cm。在 Tier2 时可以选择并使用更深的深度。

矿质土壤中的年度 SOC 库变化如下：

$$SOC = \sum_{c,s,i} (SOC_{参考c,s,i} \cdot F_{LUc,s,i} \cdot F_{MGc,s,i} \cdot F_{Ic,s,i} \cdot A_{c,s,i}) \qquad 公式（3-5）$$

式中，c 表示气候带，s 表示土壤类型，i 表示一国存在的管理体系；$SOC_{参考}$ 为参考碳库，kg C/hm^2；F_{LU} 为特定土地利用中土地利用系统或亚系统的库变化因子，无量纲。F_{MG} 为管理制度的库变化因子，无量纲；F_I 为有机质投入的库变化因子，无量纲；A 为正在被估算的层次中的土地面积（hm^2）。平衡的 SOC 值间转移的时间段通常是20年，但取决于计算系数 F_{LU}、F_{MG} 和 F_I 时所做的假设。如果超过20年，则使用大于20年的值来获得 SOC 年度变化率；Tier1 碳库变化因子和矿质土壤参考碳库详见 IPCC（2006）。

3.2.2.2 N_2O 直接排放

IPCC Tier1 方法在估算 N_2O 排放时，主要将 N_2O 排放与农田 N 投入量相关联。

$$N_2O = (F_{SN} + F_{ON} + F_{CR} + F_{SOM}) \times EF \times 44/28 \qquad 公式（3-6）$$

式中，F_{SN} 为土壤中化学氮肥的年施用量，kg N yr^{-1}；F_{ON} 为土壤中动物粪肥、堆肥、污水污泥和其他有机添加氮的年添加量，kg N yr^{-1}；F_{CR} 为作物残余物（地上部和地下部）中的年氮量，包括氮固定作物和从饲草/牧草更新返回土壤中的氮量，kg N yr^{-1}；F_{SOM} 为矿质土壤中矿化的年氮量，与土地利用或管理变化引起的土壤有机质中土壤碳的损失相关联，kg N yr^{-1}；EF 为氮投入旱地或稻田引起的 N_2O 排放的排放因子，kg N_2O-N kg^{-1} N，Tier1 N_2O 直接排放因子见 IPCC（2006）。

3.2.2.3 CH_4 排放

$$CH_{4水稻} = \sum_{i,j,k} (EF_{i,j,k} \cdot t_{i,j,k} \cdot A_{i,j,k} \cdot 10^{-6}) \qquad 公式（3-7）$$

式中，$CH_{4水稻}$为水稻种植中的年度CH_4排放，kg CH_4 yr^{-1}；t_{ijk}为i，j和k条件下的水稻种植期(d)；A_{ijk}为在i，j和k条件下水稻的年收获面积，hm^2 yr^{-1}；i，j和k为分别代表不同的生态系统、水分状况和有机添加物类型及用量以及其他可以引起水稻CH_4排放变化的条件；EF_{ijk}为在i，j和k条件下的日排放因子($kg\ CH_4 hm^{-2}d^{-1}$)，具体换算系数详见IPCC（2006）。

综上得出，IPCC方法在计量温室气体排放时所需数据较少，计算简单，主要适用于区域尺度，因此也不涉及对产量的影响。IPCC方法中土壤固碳量主要与土地利用方式、耕作方式和有机质投入量有关，农田N_2O直接排放主要与氮的投入量相关，稻田CH_4排放主要与稻田水分管理、有机物类型及用量和土壤类型有关，三者涉及的农田管理措施都不全面。例如：可依据农田N_2O排放因子来估算减少氮肥后的排放量，但却无法根据Tier1提供土壤碳库变化因子估算出减少氮肥后的土壤SOC变化量，因此不能够全面地估算农田管理措施的减排效果。

3.2.3 模型方法

过程机理模型是基于试验和生物物理化学规律得出的函数关系式而构建起来的，可由温度、降雨、光照、pH、Eh等基本环境因子来驱动，在点位、区域乃至全球尺度都得到了广泛的应用（陈长青等，2010；Wang et al.，2014）。目前农田生态系统研究中应用较为广泛的模型有Century/DayCent模型（Parton et al.，1998）、DNDC模型（Li et al.，2003）、APSIM模型（Wang et al.，2002）等。DayCent 是Century模型的日尺度模型，该模型可以模拟长期SOM的动态变化、植物生长和N、P、S的循环，开始主要用于草原生态系统，现已广泛用于农田和森林等生态系统生物量和生产力动态的模拟。DNDC（图3-6）由相互作用的土壤气候、作物生长、反硝化、分解、硝化、发酵的6个子模型构成，主要用于模拟农业生态系统中碳和氮的生物地球化学循环，时间步长以日为单位。APSIM模型（图3-7）是澳大利亚科学家研制出的，以"作物—土壤"系统作为模拟核心，可对作物生长、养分管理、水分管理以及气候变化背景下不同的农业生产的管理情景做出模拟（Wang et al.，2002）。机理模型的应用需要以气象数据和土壤基础数据作为驱动条件，利用试验数据（SOC、N_2O、CH_4和产量）对

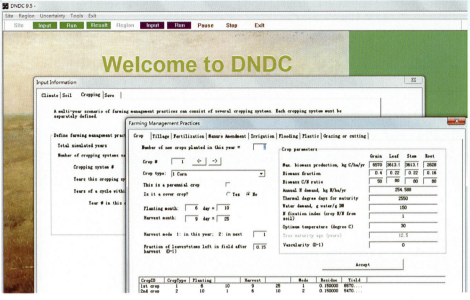

图3-6 DNDC模型用户界面

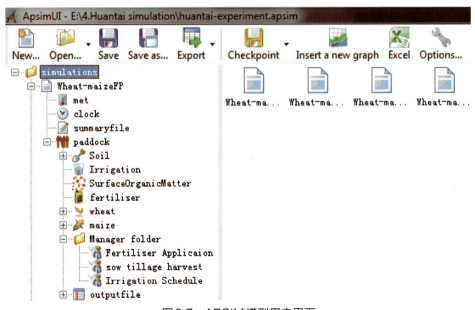

图3-7 APSIM模型用户界面

模型进行参数校正和验证，在此基础上可以模拟不同作物系统和管理措施对 SOC、N_2O、CH_4 排放和粮食产量的短期或长期影响。

当前多数模型的机理过程不尽相同，各有自己的优劣和发展方向，如 APSIM（农业生产系统模拟器）可以模拟旱地的作物生长和土壤碳氮动态变化（图3-8），如温室气体（CO_2 和 N_2O）排放，但不能模拟稻田的 CH_4 排放；DNDC（反硝化-分解模型）和 DayCent 可以模拟 N_2O 和 CH_4 的排放，但其作物生长模块相对简单，可能会忽略某些环境因素（如光照等）对作物产量的影响。另外，由于当前模型的机理过程发展的还不能够完备，并不是所有的农田管理措施都可以较好地用模型来模拟，如硝化抑制剂，缓控肥、覆膜等作用过程复杂的管理措施对于产量和温室气体的影响在模型中并不一定都能得到较好的体现，有些模型还不完全具备这些模块。

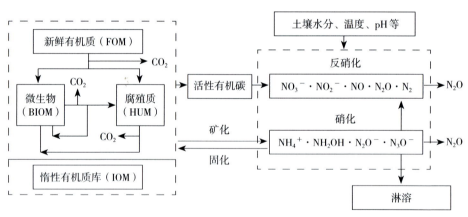

图3-8　土壤碳氮动态变化

3.2.4 生命周期法

生命周期法主要用来估算农田投入在生产和运输等过程中消耗能源而产生温室气体的综合排放因子。

3.2.4.1 柴油和汽油排放因子

由于国内外柴油和汽油的热值都很接近，其燃烧产生的温室气体排放相差不大，柴油和汽油的综合排放因子，见表3-7。

表3-7 柴油和汽油的排放因子

单位：kg kg^{-1}

类型	项目	CO_2	CH_4	N_2O	CO_2-eq
柴油	燃烧	3.19E+00	1.78E−04	1.23E−03	
	生产	6.91E−01	6.45E−04	1.21E−04	4.34
	运输	5.83E−02	1.38E−06	5.99E−05	
汽油	燃烧	3.07E+00	4.87E−03	5.32E−05	
	生产	8.59E−01	6.60E−04	1.24E−04	4.21
	运输	5.83E−02	1.38E−06	5.99E−05	

3.2.4.2 电力排放因子

许多研究已估算出火力发电（煤炭、油、天然气等）、水力发电、核能发电和风力发电的排放系数分别为975.24、173.3、13.71 和 9.47g CO_2-eq kWh^{-1}。假设其他类型的发电（太阳能、潮汐能等）与风力发电相等，按照2011年各类电力的发电总量，则全国电力的加权平均排放系数为829.68g CO_2-eq kWh^{-1}，但该值未包含电力传输和分配过程中的损失以及地区差异。通过综合考虑到以上的这些不足，据此估算出了我国各地区电力的温室气体排放因子，见表3-8。

表3-8 我国各地区电力排放因子

单位：kg kWh^{-1}

分区	CO_2	CH_4	N_2O	CO_2-eq
华北电网	1.14E+00	3.43E−03	1.78E−05	1.24
东北电网	1.22E+00	3.73E−03	1.92E−05	1.33
华东电网	9.27E−01	2.73E−03	1.44E−05	1.01
西北电网	8.97E−01	2.54E−03	1.41E−05	0.97
南方电网	7.63E−01	2.27E−03	1.01E−05	0.83
华中电网	7.19E−01	2.17E−03	1.12E−05	0.78

3.2.4.3 化肥和有机肥排放因子

很多研究都涉及了中国化肥生产过程中排放的温室气体，但多数都不够完整。而采用中国生命周期数据库（CLCD）（刘夏璐等，2010）计算

的各类化肥生产过程中的温室气体排放则相对比较完整（表3-9）。

表3-9 各类化肥生产过程中的温室气体排放

单位：$kg \cdot kg^{-1}$

化肥类型	CO_2	CH_4	N_2O	CO_2-eq
尿素（大颗粒）	2.46E+00	9.07E-03	5.34E-05	2.73
尿素（小颗粒）	2.61E+00	9.43E-03	5.57E-05	2.89
磷酸二铵	2.24E+00	6.29E-03	4.20E-05	2.43
氯化钾	5.57E-01	2.11E-03	4.35E-05	0.63
磷肥	1.38E+00	3.91E-03	4.04E-05	1.50

3.2.4.4 农药和种子排放因子

由于国内缺乏关于农药和种子生产过程中排放温室气体的相关数据，因此需要借助于国外数据来填补这一空白。农药（有效成分）的温室气体排放因子的计算源于Audsley et al.（2009），包含了农药的生产、配置、包装和运输；种子的排放系数包含了所有的农业投入（EB，2011）（表3-10）。

表3-10 农药和种子的排放因子

类别		CO_2-eq $(kg\, kg^{-1})$
农药	杀虫剂	16.61
	灭草剂	10.15
	杀菌剂	10.57
种子	冬小麦	0.58
	夏玉米	1.93

3.2.4.5 农业机械生产、运输和维修保养排放

我国主要用煤（褐煤）的热值排放因子0.101kg CO_2-eq MJ^{-1}（IPCC，2006）来估算自驱农业机械和拖拉机配套工具的综合排放因子，分别为14.41kg CO_2-eq kg^{-1}和10.23kg CO_2-eq kg^{-1}。但是农业机械的排放不能直接采用排放因子来估算，还需要考虑到每年工作面积和工作寿命等来估算每年单位面积的温室气体排放量。

3.2.5 评价指标计量方法和评价方法的确定

在田间试验中，长期田间试验可以提供SOC的变化，但缺乏长期N_2O

排放的监测数据；在IPCC（Tier1和Tier2）中，不涉及对产量的估算，无法估算温室气体排放强度。因此，在对三个计量方法（田间试验、IPCC和机理模型）进行对比时，由于缺乏可同时满足三种评价方法要求的数据支撑，因此我们只能进行理论分析和对比。通过分析可看出，各个方法都有自己的优缺点（表3-11），都不能完全地用来计量农田管理措施对于粮食产量、SOC和N_2O（CH_4）排放的影响。但是从未来的发展来看，模型的内部机理过程可以利用大量田间试验数据来逐渐得到发展和完善，可用于模拟多种作物系统和管理情景对SOC、N_2O、CH_4和产量的短期或长期影响，将成为农田减排技术评价指标中SOC、N_2O、CH_4和产量计量的主要方法。

表3-11　田间试验、IPCC和模型3个方法的比较

评价方法	适用范围	主要优点	主要不足
田间试验及外推	点位和区域	（1）数据获取难度小； （2）可信度高。	（1）对SOC和产量的影响可能需要较高的时间成本和经济成本； （2）不能有效估算多种农业管理措施下的综合固碳减排效果。
IPCC Tier1和Tier2	区域	（1）数据获取难度小； （2）计算方法简单。	（1）不能全面估算某些措施的温室气体排放量，比如无法估算灌溉对于N_2O排放的影响和减少氮肥用量对于土壤有机碳的影响； （2）不包含产量的计算。
模型	点位和区域	（1）可模拟特定的作物系统和管理情景； （2）预测管理技术对SOC、N_2O、CH_4和产量的影响。	（1）需要长期试验数据进行验证； （2）相对复杂，对评价人员需求相对较高； （3）需要长时间尺度的气象数据。

农田投入排放（主要源于生产和运输等）的计量需要通过实地调研来获取农田投入物的施用量，通过文献查阅来获得农田投入物的排放因子，两者相结合来估算其排放量。经济效益的计量需要通过实地调研与文献查阅相结合来获取农田投入物的成本和政府补贴，同时结合模型模拟来核算售粮收入和碳贸易收入。

由于大部分农田管理措施的绝大部分固碳量主要分布在前20年，并且IPCC中土壤碳库达到平衡的缺省时间也为20年，因此本研究将模拟固碳的时间尺度确定为20年，同时为更好反映农田管理措施的固碳效果，土壤取样深度应不小于30cm。在20年的时间尺度上，也可充分反映农田管理措

施对 N_2O（CH_4）排放和粮食产量的影响，能够消除短时间指标的误差，相对科学可靠。在农田投入的化石排放方面，暂时不考虑生产工艺改进等因素对农田投入的影响，则其将每年保持不变。利用试验数据校正和验证后的过程机制模型进行20年尺度的模拟来获取粮食产量、农田固碳量和 N_2O（CH_4）排放量的年均值，并结合农田投入的化石排放来估算不同农田管理措施的温室气体排放总量（GHG_A）和排放强度（$GHGi$）。首先将减排措施与常规措施进行20年尺度的长期模拟，并进行粮食产量的比较，在20年间不显著降低粮食产量（与常规措施相比）的基础上进行温室气体排放强度的比较，并最终进行经济可行性分析，提出推广应用的政策建议。评价方法路线见图3-9：

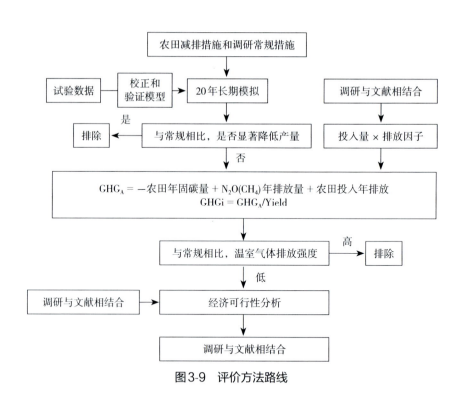

图3-9 评价方法路线

参考文献

陈长青,胡清宇,孙波,等,2010.长期施肥下石灰性潮土有机碳变化的DNDC模型预测[J].植物营养与肥料学报(6):1410-1417.

高洪军,彭畅,张秀芝,等,2012.长期秸秆还田对黑土碳氮及玉米产量变化的影响[J].玉米科学,19(6): 105-107.

高翔,沈阿林,寇长林,等,2012.秸秆还田对小麦玉米轮作田土壤有机碳质量的影响[J].河南农业科学,41(9):63-67.

黄坚雄,陈源泉,刘武仁,等,2011.不同保护性耕作模式对农田的温室气体净排放的影响[J].中国农业科学,44(14): 2935-2942.

李晓渊,2010.新疆干旱区农业高效节水灌溉技术示范经济评价研究[D].乌鲁木齐:新疆农业大学.

刘夏璐,王洪涛,陈建,等,2010.中国生命周期参考数据库的建立方法与基础模型[J].环境科学学报,30(10): 2136-2144.

刘巽浩,徐文修,李增嘉,等,2013.农田生态系统碳足迹法:误区,改进与应用——兼析中国集约农作碳效率[J].中国农业资源与区划,34(6): 1-11.

逯非,王效科,韩冰,等,2008.中国农田施用化学氮肥的固碳潜力及其有效性评价[J].应用生态学报(10):2239-2250.

乔晓春,2011.中国人口布局的现实特征与未来展望:来自"六普"数据的分析[J].甘肃社会科学(4): 32-34.

茹淑华,张国印,孙世友,等,2012.不同施氮量对华北平原作物产量及土体硝态氮分布和累积的影响[J].华北农学报,27(6): 172-177.

翟治芬,2012.应对气候变化的农业节水技术评价研究[D].北京:中国农业科学院.

张鹏,李涵,贾志宽,等,2011.秸秆还田对宁南旱区土壤有机碳含量及土壤碳矿化的影响[J].农业环境科学学报,30(12):2518-2525.

张秀芝,高洪军,彭畅,等,2012.等氮量投入下有机无机肥配施对玉米产量及氮素利用的影响[J].玉米科学,20(6): 123-127.

庄严,2006.农业节水技术潜力评价方法研究[D].北京:中国农业科学院.

Adviento-Borbe M A A, Haddix M L, Binder D L, et al., 2007. Soil greenhouse gas fluxes and global warming potential in four high-yielding maize systems[J]. Global Change Biology, 13(9): 1972-1988.

Al-Kaisi Mahdi M, Yin Xinhua, Licht Mark A, 2005. Soil carbon and nitrogen changes as influenced by tillage and cropping systems in some Iowa soils[J]. Agriculture, Ecosystems & Environment, 105(4): 635-647.

Audsley Eric, Stacey K F, Parsons David J, et al., 2009. Estimation of the greenhouse gas emissions from agricultural pesticide manufacture and use[R]. Cranfield: Cranfield University.

Bhatia A, Pathak H, Jain N, et al., 2005. Global warming potential of manure amended soils under rice—wheat system in the Indo-Gangetic plains[J]. Atmospheric Environment, 39(37): 6976-6984.

Campbell C A, Zentner R P, Selles F, et al., 2000. Quantifying short-term effects of crop rotations on soil organic carbon in southwestern Saskatchewan[J]. Canadian Journal of Soil Science, 80(1): 193-202.

Duiker S W, Lal R, 2000. Carbon budget study using CO_2 flux measurements from a no till system in central Ohio[J]. Soil & Tillage Research, 54(1-2): 21-30.

EB. Ecoinvent database[EB/OL]. 2011. http://www.ecoinvent.ch/.

Frank Jotzo, Dimitri de Boer, Hugh Kater, 2013. 中国碳价格调研（2013）[EB/OL]. http://www.chinacarbon.info/wp-content/uploads/2013/10/中国碳价格调研（2013）摘要_中文.pdf.

Hanson P J, Edwards N T, Garten C T, et al., 2000. Separating root and soil microbial contributions to soil respiration: A review of methods and observations[J]. Biogeochemistry, 48(1): 115-146.

IPCC, 2006. 2006 IPCC Guidelines for National Greenhouse Gas Inventories, Prepared by the National Greenhouse Gas Inventories Programme[M]//. Hayama, Japan; IGES.

IPCC, 2007. Climate Change 2007: Mitigation of Climate Change: Contribution of Working Group Ⅲ to the Fourth Assessment Report of the Intergovernmental Panel on Climate Change[M]//B. METZ, O. R. DAVIDSON, P. R. BOSCH, et al., 2007. Cambridge, United Kingdom and New York, NY, USA; Cambridge University Press.

IPCC, 2014. Climate Change 2014: Mitigation of Climate Change. Working Group Ⅲ

Contribution to the IPCC 5th Assessment Report[M].

IPCC, Climate change 2014: Synthesis Report[R]. 2014b.

Kindler Reimo, Siemens J A N, Kaiser Klaus, et al., 2011. Dissolved carbon leaching from soil is a crucial component of the net ecosystem carbon balance[J]. Global Change Biology, 17(2): 1167-1185.

Lal R, 2004. Agricultural activities and the global carbon cycle[J]. Nutrient Cycling in Agroecosystems, 70(2): 103-116.

Li C S, Zhuang Y H, Frolking S, et al., 2003. Modeling soil organic carbon change in croplands of China[J]. Ecological Applications, 13(2): 327-336.

Li Hu, Qiu Jianjun, Wang Ligang, et al., 2012. Estimates of N_2O Emissions and Mitigation Potential from a Spring Maize Field Based on DNDC Model[J]. Journal of Integrative Agriculture, 11(12): 2067-2078.

Liang Aizhen, Zhang Xiaoping, Fang Huajun, et al., 2007. Short-term effects of tillage practices on organic carbon in clay loam soil of northeast China[J]. Pedosphere, 17(5): 619-623.

Minamikawa Kazunori, Nishimura Seiichi, Sawamoto Takuji, et al., 2010. Annual emissions of dissolved CO_2, CH_4, and N_2O in the subsurface drainage from three cropping systems[J]. Global Change Biology, 16(2): 796-809.

Mosier A R, Halvorson A D, Peterson G A, et al., 2005. Measurement of Net Global Warming Potential in Three Agroecosystems[J]. Nutrient Cycling in Agroecosystems, 72(1): 67-76.

Omonode Rex A, Smith Doug R, Gál Anita, et al., 2011. Soil Nitrous Oxide Emissions in Corn following Three Decades of Tillage and Rotation Treatments[J]. Soil Science Society of America Journal, 75(1): 152.

Parton W J, Hartman M, Ojima D, et al., 1998. DAYCENT and its land surface submodel: description and testing[J]. Global and Planetary Change, 19(1-4): 35-48.

Sampanpanish Pantawat., 2012. Use of organic fertilizer on paddy fields to reduce greenhouse gases[J]. ScienceAsia, 38(4): 323.

Schlesinger William H., 2000. Carbon sequestration in soils: some cautions amidst optimism[J]. Agriculture Ecosystems & Environment, 82(1-3): 121-127.

Smith Pete., 2004. How long before a change in soil organic carbon can be detected?[J]. Global Change Biology, 10(11): 1878-1883.

Shang Q Y, Yang Xiuxia, Gao Cuimin, et al., 2011. Net annual global warming potential and greenhouse gas intensity in Chinese double rice-cropping systems: a 3-year field measurement in long-term fertilizer experiments[J]. Global Change Biology, 17(6): 2196-2210.

VandenBygaart A J, Gregorich E G, Angers D A, 2003. Influence of agricultural management on soil organic carbon: A compendium and assessment of Canadian studies[J]. Canadian Journal of Soil Science, 83(4): 363-380.

Wang E, Robertson M J, Hammer G L, et al., 2002. Development of a generic crop model template in the cropping system model APSIM[J]. European Journal of Agronomy, 18(1): 121-140.

Wang Guocheng, Wang Enli, Huang Yao, et al., 2014. Soil Carbon Sequestration Potential as Affected by Management Practices in Northern China: A Simulation Study[J]. Pedosphere, 24(4): 529-543.

West Tristram O, Marland Gregg, 2002. Net carbon flux from agricultural ecosystems: methodology for full carbon cycle analyses[J]. Environmental Pollutiont, 116(3): 439-444.

Zeleke T B, Grevers M C J, Si B C, et al., 2004. Effect of residue incorporation on physical properties of the surface soil in the South Central Rift Valley of Ethiopia[J]. Soil and Tillage Research, 77(1): 35-46.

Zhang Afeng, Bian Rongjun, Hussain Qaiser, et al., 2013. Change in net global warming potential of a rice–wheat cropping system with biochar soil amendment in a rice paddy from China[J]. Agriculture, Ecosystems & Environment, 173: 37-45.

Zheng Xunhua, Mei Baoling, Wang Yinghong, et al., 2008. Quantification of N_2O fluxes from soil–plant systems may be biased by the applied gas chromatograph methodology[J]. Plant and Soil, 311(1-2): 211-234.

Zhou Minghua, Zhu Bo, Brüggemann Nicolas, et al., 2014. N_2O and CH_4 Emissions, and NO_3—Leaching on a Crop-Yield Basis from a Subtropical Rain-fed Wheat—Maize Rotation in Response to Different Types of Nitrogen Fertilizer[J]. Ecosystems, 17(2): 286-301.

第四章
小麦—玉米种植系统节能减排技术模式

　　小麦、水稻、玉米是我国三种主要粮食作物，其总产量占中国粮食产量的85%以上。我国华北、东北和华东等粮食主产区承担着保障粮食安全的重任，粮食作物播种面积和产量分别占全国的63%和67%。但目前，我国粮食主产区耕地质量正在严重退化，作物生产主要依赖于过度的化学肥料使用，从而导致田地板结，土壤酸化，有机质含量损失；同时，农田秸秆还田及高效利用技术尚未完善，每年我国生产约7亿t的农作物秸秆，多数被焚烧，或被丢弃至路边（图4-1），不仅污染空气，还带来了河流、湖

图4-1　秸秆丢弃（石祖梁，2013）

泊污染，破坏了生物多样性；另外，农药的过量使用，生产中高剂量残留的农药仍被大范围使用，高效低毒的农药及相关配套施用器械也急需有所突破。对于以上问题，对于作物生产系统，有必要优化传统耕种模式，在保障粮食产量的前提下，推广应用适于各粮食主产区的节能与固碳技术，从而达到提高土壤肥力和生产力、减缓土壤中温室气体排放的目的，实现我国农业的可持续发展。

然而，我国农业生产的地域跨度大，区域间气候条件、土壤类型、农业管理措施各异，长期施肥和秸秆还田等管理措施对各区域农田土壤有机碳和温室气体排放的影响程度和贡献有多大，仍需要进一步探讨。华北平原是我国粮食主产区，以小麦—玉米一年两熟为主要种植模式，小麦种植面积和总产量占全国的一半以上，夏玉米种植面积和总产量分别占全国的32%和40%左右。该区冬季干燥寒冷，夏季高温多雨，春季干旱少雨，蒸发强烈，年平均气温14～15℃，年降水量500～1000mm，0℃以上积温为4500～5500℃。潮土、砂姜黑土、褐土、风沙土是该区域主要土壤类型，气候资源和土壤条件较适宜小麦和玉米种植。但该地区仍存在物质投入量大、劳动力结构不合理、耕种措施粗放化等问题，主要表现在以下几个方面：

（1）人均耕地面积少、土地零散，农业合作社建设缓慢。由于土地零散，采取统一种植生产作业的面积小，农村社会化服务建设滞后，以户为单位的农业生产模式增加了化学投入品的使用与能源浪费。同时由于目前农村主要劳动力以老年与妇女为主，急需开展生产社会化服务。

（2）农田基础设施落后，农业生产条件差。农田基础设施（道路、沟渠、电力、废弃物回收）落后，造成农田抵御灾害天气的能力弱，一旦发生干旱与强降雨天气，对作物生产影响大，同时也增加了防灾减灾的化学与石油能源投入。

（3）种植业生产管理模式不合理，化学品投入量大，包括化肥施用量大、农药投入过量、农田灌溉耗能高、秸秆粉碎质量差，配套农机具不合理等。这一系列问题导致农业生产投入过高、环境效应恶化、土壤固碳潜力降低，温室气体排放增加，严重影响了作物的生长发育与产量，制约了农业的可持续发展。针对小麦—玉米种植系统，提出以下节能减排技术模式和措施。

4.1 保护性耕作技术

保护性耕作技术在我国几千年的农耕历史中早已有之，自古以来，重视农业的用地养地结合，重视土壤保护和合理利用是我国传统农业技术的精髓。现代保护性耕作的研究起源于20世纪30年代美国的"黑风暴"，而我国真正开展有关研究始于20世纪60年代，历经50多年的理论研究和科学实践，结合我国农业生产实际，在保护性耕作理论和技术方面取得了较多的成果，并被列为国家现代农业技术的重要领域。保护性耕作与传统耕作的最大区别是土壤耕作技术的差异，以减少耕作次数和耕作强度为主的保护性土壤耕作技术，通过秸秆覆盖还田与少耕、免耕播种作物相结合，达到保土、保水的作用。华北地区一年两熟的种植方式下，小麦和玉米秸秆的生产量很大，通过采用保护性土壤耕作技术将玉米秸秆还田或覆盖地表，大大解决了秸秆堆积问题，同时改善了土壤结构，提高了土壤肥力。

4.1.1 少免耕技术

4.1.1.1 冬小麦少免耕技术

在传统翻耕的基础上，采用耙茬少耕、选茬少耕技术，将秋季玉米秸秆全部粉碎还田，用重型缺口圆盘耙耙地或者用旋耕机旋耕土壤后直接播种冬小麦，这种以耙、旋代耕的保护性土壤耕作技术较为适于华北地区一年两熟区推广应用。其中耙茬少耕技术改传统翻耕为耙耕，地面有大量作物秸秆覆盖，所以耙耕采用重型缺口圆盘耙进行表土作业。耙秸秆时，耙深为10～15cm，重型圆盘耙采用对角耙1遍，顺耙1遍，耙后秸秆掩埋率可达85%；再用轻耙顺耙1遍，耙深8～10cm，达到上虚下实的种床要求。选茬少耕技术改传统翻耕为旋耕，玉米秸秆粉碎后采用旋耕机旋耕土壤播种小麦。旋耕的深度为8～12cm。一般旋耕两遍以达到比较好的小麦播种土壤条件。小麦免耕播种是一项新的播种技术，是除播种外不再进行其他任何土壤耕作，尽量减少作业次数，是用专用的免耕播种机在有秸秆覆盖的土地上一次性地完成带状开沟、种肥深施、播种、覆土、镇压、扶垄等作业（图4-2）。

图4-2 冬小麦带状免耕（石祖梁，2013）

冬小麦少免耕减少了认为作业对土壤的扰动，使耕层土壤处于相对紧实状态，从而提高土壤毛管孔隙度；降低了麦田土壤蒸发，避免了耕翻过程中造成的表土水分的损失，提高土壤剖面的储水量；同时少免耕还具有节约农资、节本增效的作用。

4.1.1.2 夏玉米免耕覆盖技术

在黄淮海小麦—玉米一年两熟种植区，一般采用上茬小麦秸秆覆盖、免耕播种机直播玉米、除草剂防除杂草等相配套的一套高产、高效保护性耕作技术体系。采用小麦机械化联合收割技术，使小麦秸秆在收获过程中基本得到粉碎，配合秸秆粉碎及抛撒装置，使小麦秸秆均衡分布于田间，玉米采用机械免耕直接播种施肥，或者在冬小麦收获前7～10d套种玉米。夏玉米免耕播种要求麦秸粉碎的长度不宜超过10cm，铺撒要均匀，不成堆，不成垄。

夏玉米免耕覆盖降低了棵间的蒸发量，增加作物的有效产出，尤其在干旱季节，当降水和灌水均不能满足作物需水量时，覆盖的增产效果更加明显；其次麦秸覆盖还有利于降低土温，减少土壤水分的蒸发，增强土壤的保墒效应，为作物生长创造适宜的土壤环境，防治夏玉米早衰；再次，秸秆覆盖抑制了土壤棵间蒸发，为夏玉米的生长提供了充足的水分，可以显著降低夏玉米的耗水量，提高水分利用效率。

4.1.2 秸秆还田技术

我国农作物秸秆年产量达7亿t左右，其中玉米秸秆占36.7%，小麦占15.2%，但长期以来，我国对秸秆的利用效率一直很低，仅保持在20%左右。秸秆还田量仅为产量的1/4，剩余的堆放到田边道旁或就地焚烧，既浪费了资源又污染了环境。随着中国农业向现代化、轻简化方向发展，堆沤肥的减少使农田的有机肥源日益减少。科学利用秸秆还田技术，提高秸秆还田率，不仅能减少资源浪费和环境污染，还可以提高整个农业生产系统的产出水平，实现农业的可持续发展。我国对于秸秆直接换填的研究最早始于20世纪60年代，以秸秆粉碎、田间堆置、腐熟还田为主要方式开展了相关研究，90年代末，小麦、玉米秸秆还田机械取得重大突破，北方粮田秸秆还田得到了大面积推广（图4-3）。

图4-3　冬小麦秸秆还田（管大海，2013）

4.1.2.1 秸秆还田的主要作用

虽然国内外学者对秸秆还田的技术效果和作用评价结果并未达成一致的共识，但综合多方面考虑，以下几点得到了普遍认同：①有利于防止风

蚀和水蚀，减少蒸发。秸秆覆盖保护土壤表面，阻碍水流、减缓径流速度，使雨水入渗时间增长，径流大幅度降低，同时秸秆覆盖明显减小了阳光直射地面，风力直吹地面，土壤中的水分蒸发大大降低。②有利于增加土壤有机质，促进土壤微生物活性。秸秆中含有大量的纤维素、半纤维素、木质素和蛋白质等有机物质，经过微生物作用以后转化成土壤中的腐殖质。同时秸秆中C/N较高，对土壤中的氮素也有很大影响，秸秆还田技术的最重要作用就是提高土壤有机质含量，活化土壤N、P、K养分，提高土壤肥力。③有利于改善土壤物力结构。秸秆还田后土壤容重降低，减缓了土壤压实，孔隙度增加，同时土壤导水率的提高有利于水分和养分的储存和利用，改善土壤团粒结构，增大土壤中水稳定性团聚体的数量。④有助于改善土壤养分状况，尤其是土壤中速效钾的含量。⑤对产量的影响。从长期定位试验结果来看，秸秆还田多数是有利于增加作物产量的。

4.1.2.2 小麦—玉米秸秆还田模式

（1）麦玉秸秆粉碎耕翻还田模式。小麦秸秆直接还田：小麦收获后，主要种植水稻、玉米、大豆等作物，其秸秆处理方式不同，主要分为整秆/粉碎翻埋、留高茬部分粉碎覆盖两种还田方式。①整秆/粉碎还田：一般用于后茬水稻种植，小麦收获后，进行水耕水整或旱耕水整还田。水耕水整：麦秸秆切碎匀抛→施基肥→放水泡田→水田秸秆还田机耕整地→水稻机插秧/抛秧/直播；水耕旱整：麦秸秆切碎匀抛→施基肥→秸秆还田机旱作灭茬还田→放水泡田→平田整地→水稻机插秧/抛秧/直播。②小麦秸秆留高茬部分粉碎还田：一般用于玉米、大豆等旱作物，联合收割机收割小麦后，留茬20～25cm，上部秸秆粉碎（<10cm）。在小麦行间，进行播种行旋耕、施肥、播种玉米；也有部分田块进行小麦秸秆粉碎还田，种植玉米大豆等。

玉米秸秆直接还田：玉米收获后直接粉碎（<5cm），灭茬、施肥、深旋耕（15～20cm），或翻耕（深松）（20～25cm）+浅旋耕整地，进行小麦播种、镇压。

（2）机械化免耕覆盖秸秆还田技术。主要包括玉米秸秆整秆覆盖还田、小麦整秆覆盖还田和玉米或小麦秸秆粉碎覆盖还田。人工收获玉米后对秸秆不做任何处理，置于田间。采用免耕播种机进行播种，播种时将秸秆按照播种机的行向进行压倒，覆盖于土壤表面。对于小麦整秆覆盖还田，小麦人工收获之后，将小麦秸秆均匀覆盖于土壤表面，然后进行播种。玉米或小麦秸秆粉碎覆盖还田则是在人工将玉米或小麦收获之后，将其秸秆用粉碎机粉碎，与一定废料混合铺于土壤表面，采用免耕播种机进行播种。

4.2 化肥增效减量施用技术

4.2.1 化肥减量施用

化肥等投入品减量，是促进农田直接和间接减排的关键技术。目前农户在作物生产中，施用的化肥种类主要是氮肥，导致土壤养分结构不合理。另外，在施肥量、施肥方法和施肥时期等方面，也存在亟待改善的问题。农户的化肥用量偏高，有机肥偏少或基本不施用。由于青壮年劳动力外出务工，施肥方式也大大简化，多半是在播种或移栽前，一次性施用，肥料浪费严重。同时，在施肥方法上，也多是人工面撒施，肥料利用率低，作物生长不良，后期倒伏早衰严重。

针对化肥用量偏高、施肥方式不合理等问题，有必要进行精准配方平衡施肥技术应用和推广。其中精准配方平衡施肥技术是指通过对耕地的耕层土壤样本测试结果与农户实际生产情况调研结果进行综合分析，结合不同作物各生育期阶段的需肥规律、土壤供肥性能和肥料效应，掌握"前促、中控、后补"的施肥原则（即前期要多施肥，促进作物幼苗早发，中期要少施肥，控制群体生长，防止无效分蘖发生，提高成穗率；后期根据苗期和天气情况补施穗肥或根外追肥），得出全面综合的施肥方案，并通过科学合理施用化肥（包括适宜的施肥品种和施肥时期、准确的施肥数量、恰当的施用方法，合理的施肥结构等），在保证粮食产量稳定的前提下，达到减少化肥施用量，同时间接减少肥料生产耗能及由肥料应用引起的土壤 N_2O 排放，达到节省能源消耗、减少温室气体排放的目的。本技术主要开展取土测土、数据汇总分析、施肥指标体系建立和耕地地力评价等基础性工作，提出测土配方专用肥。

4.2.2 化肥深施增效

机械化高效施肥技术是指通过相应配套农机具的使用，将化学肥料施用在表层土壤5～10cm内，起到提高化肥利用率、节省肥料使用量，同时促进植物根系下扎、提高植物抗灾害能力的作用，主要包括：一是机械化底肥高效施用，同土壤耕翻作业相结合。目前一般是先撒肥后耕翻，或边耕翻边将化肥施于犁沟内，后者基本上可以做到耕翻施肥作业同步，避免化肥露天造成的挥发损失，一般可对现有耕翻犁进行改造，增加排肥装置，通常将排肥导管安装在犁铧后面，随着犁铧翻垡将化肥施于垡面上或犁沟底，然后犁铧翻垡覆盖，达到深施肥的目的。二是机械化高效追肥施用，即按农艺要求的追肥施量、深度和部位等使用追肥作业机具，同一机械完成开沟、排肥、覆土和镇压等多道工序的追肥作业，相对人工地表撒施和手工工具深追施，可显著地提高化肥的利用率和作业效率，追肥机具要有良好的行间通过性能，对作物后期生长无明显不利影响。追肥深度应为6～10cm，追肥部位应在作物株行两侧的10～20cm，肥带宽度大于3cm，无明显断条，施肥后覆盖严密。在小麦生育期，首先确定基肥、追肥比例与时期；在进行整地播种的同时，进行机械化施肥，化肥深施于种子下方或侧旁5cm处，种肥隔行分层，保证种子幼苗生长发育；在小麦生育中期，配合化肥施用机械进行化肥深施；在玉米生育期，确定基肥、追肥比例与时期；在玉米播种期间配合化肥施用机械将化肥深施于种子下方或侧旁5cm处，种肥隔行分层，保证种子幼苗生长发育；在玉米拔节期，配合化肥施用机械进行化肥深施。

4.3 优化灌溉技术

人多水少，水资源时空分布不均，水资源承载能力与生产力布局不相匹配是我国的基本水情。全球气候变化使得我国水资源南丰北缺的形势更为凸显，主要江河的实测径流量多呈下降趋势，使得北方地区水资源短缺形势更加严峻。而我国的水资源的70%用于农业，在有限的灌溉水量下，使水资源利用综合效益最大化，需要进行节水灌溉新理论与新技术的探索，优化农田水资源管理制度，减少灌溉水用量、降低灌溉能耗，实现水资源的高效合理配置，全面推进节水型农业的发展。

4.3.1 灌排系统改善

面对当前国际经济形势复杂严峻，全球气候变化影响加深，我国耕地和淡水资源短缺压力加大等形势，2012年中共中央出台了1号文件《关于加快推进农业科技创新持续增强农产品供给保障能力的若干意见》，其中强调，水利建设的重点就是充分地完成农村农田节水灌溉基础设施建设，加强农田水利建设，对灌区续建配套与节水改造、灌排泵站更新改造、发展有效灌溉面积、推广高效节水灌溉新技术，同时加大节水灌溉设备购置补贴范围和贷款贴息规模、完善节水灌溉税收优惠政策、创新农田水利建设管理机制、落实农业灌排工程补助政策。现阶段，农田基础水利设施配套不全导致了灌溉水利用率不高、灌溉耗水量大和旱季灌溉用水困难和大暴雨时排水不畅，玉米长时间淹水并存的现象。灌溉工程发展缓慢甚至倒退，对粮食安全生产造成了严重的威胁。因此，有必要进行灌溉系统改善与农田基础水利设施工程的建设，配合沟、路、渠等田间配套工程的整治与改善。

针对小麦—玉米种植系统，主要从以下几方面展开：①泵站设备性能改良，提高工作效率，降低电力、能源消耗；②沟渠硬化，进行防渗技术改造，改变以往的土渠浇灌，减少水分渗漏及蒸发，亦可使用管道代替明渠供水，直接由管道分水口分水进入田间沟畦，或是在分水口处连接一个软管，将水流入沟畦，提高用水效率；③土地平整工程：田块相对集中、土地平整是实现农业生产机械化、规模化的前提。平整后水田田面高差控制在±3cm以内；旱地田面坡度应限制在1：500以内，相邻田块的高差应小于2m；④发展节水灌溉方式，改变以往的大水漫灌、畦灌等粗放式灌溉方式，使用喷灌、滴灌、覆膜等节水技术，通过管道系统将水输送到灌溉地段，利用安装在末级管道上的节水设备，减少水分渗漏和蒸腾，提高水分的利用率。

4.3.2 节水高产灌溉技术

对现有灌溉模式进行优化，通过减少灌溉次数及灌溉流量，实行旱地侧灌技术等实现节水高效灌溉。对于小麦，在播种前应保持充足的底墒，

而在拔节期、灌浆期的灌溉，对于小麦产量的保证、虫害控制和肥料利用效率至关重要。对于玉米，良好的底墒水平以及抽雄期的土壤墒情同样对于肥料利用效率、虫害控制、产量有着决定性的影响，此时缺水对玉米产量影响极大，因此在农业生产中需根据作物生长的实际需水要求进行相关的节水灌溉。

4.3.2.1 低定额节水灌溉技术

低定额节水灌溉提高了农业用水的生产效益，在黄淮海、西北和东北麦区均有一定推广面积。低定额灌溉通过对作物的需水特性进行系统的研究，根据作物各个生育阶段的需水规律和对土壤水分的要求，制定科学的灌溉制度，给作物适时适量供水，为作物生长创造良好的水分环境（俞双恩等，1997）。低定额灌溉研究是以提高灌溉水生产率为主要目标，并考虑各项水资源的相互配合。注意水、肥、作物三者的关系，以求获得最大灌溉效益的灌溉制度（李玉山等，1985）。居辉等（1998）研究表明，在低定额灌溉的条件下，产量随灌溉量的增加而增加，开花至成熟是小麦一生中的耗水高峰，随灌溉定额的减少，土壤水和降水消耗占总耗水的比例增加。针对小麦稻作系统，在水稻季可通过关键生育期控水的方式，像灌浆期干湿交替灌溉，节省灌溉量，提高水稻群体质量，增强根系活力；另外采用水稻旱播技术，也可减少泡田用水量。在小麦季，结合精细整地、划畦种植、开好灌溉沟，适墒迟播、播后镇压选用耐旱品种，前期蹲苗锻炼，春季镇压等节水技术减少灌溉量，提高作物的抗旱能力。

4.3.2.2 调亏灌溉节水技术

调亏灌溉是20世纪70年代中期形成的一个灌溉思路，既不同于传统的丰水高产灌溉，也有别于非充分灌溉或限额灌溉，它主要是根据作物的遗传和生态生理特性，在其生育期内的某些阶段人为地主动施加一定程度的水分胁迫，调节其光合产物向不同组织器官的分配，调控地上和地下生长动态，控制营养生长，促进生殖生长，从而提高经济产量，舍弃有机合成物总量，达到节水高效、高产优质和提高水分利用效率的目的。史文娟等指出，一套综合的节水高效调亏灌溉技术体系能够解决：①作物不同生育阶段、不同程度的亏水对水分散失、光合作用及其产物分配与向经济产量转化的效率。②在灌溉水量有限条件下作物群体光合产物的最优分配策略。③不同阶段、不同供水方案对作物籽粒或果实品质影响的研究。④确定作物调亏灌溉指标。⑤调亏灌溉条件下作物耕作栽培方式和水肥耦合的最佳模式。蔡焕杰等（2000）研究表明，调亏灌溉的适宜时段应该在作物的早期生长阶段，其水分亏缺程度可达田间持水量的45%～50%，而对作物的产量没有不利影响，但可明显提高作物水分利用效率（图4-4）。

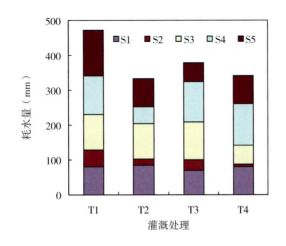

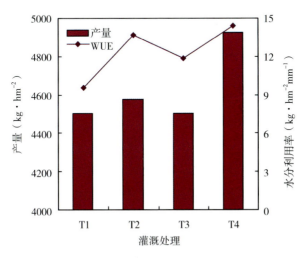

图4-4　不同灌溉处理中小麦阶段用水量、产量及水分利用率差异（蔡焕杰等，2000）

（S1～S5为冬小麦不同生长阶段）

此外节水技术还包括以肥节水技术和化学节水技术，通过优化作物的播量、用肥量及灌溉定额等因素，可以达到增产节水高效的目的。同时通过适量植物生长调节剂，改变作物生长特性，提高其抗旱能力，在一定程度上也实现了节水的目的。

4.3.3 灌溉动力替代

由于生产力发展的限制，部分村庄仍然使用柴油机吹水结合"小白龙"灌溉的方式，每公顷灌溉需柴油量过大、温室气体排放严重，农田灌溉耗能高，因此，可通过改善电力基础设施，在使用柴油灌溉的生产区域进行灌溉动力替代。

4.4 病虫害综合防治技术

根据粮食主产区的农业生产实际，在保证粮食产量的前提下力争减少农药化肥使用量，急需开展病虫害综合防治，以控制病虫害危害程度，减少农药污染。目前，病虫害综合管理是有害生物综合管理（IPM）的策略，是从农业生态系统整体观点出发，根据有害生物和环境之间的相互关系，协调运用农业、物理、生物和化学防治等各种措施，充分发挥农业生态中的自然控制因素作用，将农业有害生物控制在经济损失允许水平之下。只有在有害生物的危害可能会导致经济损失时才进行防治，即允许作物上存有一定数量的病菌或害虫，只要他们的种群数量不足以达到经济危害水平。IPM非常重视包括抗性品种、栽培措施、生物天敌、化学药剂等综合防治技术的应用，尤其是利用天敌等生物控制因子来控制病虫害，而对化学农药的使用则采取慎重的态度。

随着农业生产方式变革和社会化服务体系的发展，农作物病虫害专业化统防统治逐步兴起，呈快速上升势头。专业化防治是指具备相应植物保护专业技术和设备的服务组织，开展社会化、规模化、集约化农作物病虫害防治服务的行为，是贯彻"公共植保、绿色植保"理念的重要支撑，是促进粮食生产和各类经济作物稳定增长的重要措施，是确保农产品数量安全、质量安全及农业生态环境安全的有效手段，是农业增效、农民增收、农村稳定的重要保障。

4.4.1 小麦病虫草发生危害及防治技术

针对小麦—玉米生产系统，以河南省为例，河南省位于黄淮冬麦区，气候特点非常适宜于小麦生长，是全国小麦生产和调出第一大省，小麦面积500万hm²，每年向市场提供的商品小麦占全国的25%～30%，河南小麦长期保持着"三个第一"（面积第一，总产量第一，提供商品粮第一）。2013年，全省8050万亩小麦全部收获，预计夏粮总产量在315亿kg以上，平均单产突破400kg大关。

据统计，2013年河南省小麦主要病虫害发生总面积2.9亿亩次，其中病害1.6亿亩次，虫害1.3亿亩次。小麦穗蚜、纹枯病偏重，吸浆虫、叶锈病、麦蜘蛛、白粉病在部分地区偏重发生，赤霉病在较大范围流行，条锈病在沙河以南局部流行，根腐病、孢囊线虫病、黑穗病等在部分麦田造成较重危害。其中主要病害包括白粉病、纹枯病、赤霉病、黄花叶病、全蚀病、锈病。主要害虫为地下害虫、蚜虫、红蜘蛛、吸浆虫。小麦田杂草有猪殃殃、播娘蒿、荠菜、野燕麦、黑麦草。小麦通常使用农药5次：

第一次是在小麦播种前土壤处理或拌种一次。药剂有辛硫磷25mL、吡虫啉25～30g、立克秀10mL、适乐时30mL、苯醚甲环唑40～60mL等，防治对象是地下害虫、苗期蚜虫、纹枯病、全蚀病等。

第二次是施用除草剂。冬前或年后化学除草一次，药剂有苯磺隆10g、使它隆20～25mL、噻吩磺隆10～20g、膘马30～50g、世玛20～40g等。

第三次是春季小麦返青拔节期防治红蜘蛛一次（兼治苗蚜、纹枯病）。药剂有吡虫啉20～30g、高氯30～50mL、蚜螨双杀25～50mL、井冈霉素15g、三唑酮等50～100g。

第四次是小麦抽穗以后防治穗蚜一次。药剂有吡虫啉20g、啶虫脒10～20g、高氯30～50mL、甲维盐20～30mL等。

第五次是小麦扬花灌浆期综合防治（病虫害、干热风、增产）。药剂配方主要是"吡虫啉等杀虫剂＋戊唑醇等杀菌剂＋喷施宝等叶面肥"，用药量幅度为50～90g。

4.4.2 玉米病虫草发生危害及防治技术

该地区玉米生长季节病害发生不严重，主要病害有苗期根腐病，但包衣种子可控制该病害的危害。因此，玉米叶部病害通常不防治。害虫有地下害虫、黏虫和玉米螟，地下害虫常年发生，需要防治。黏虫在近年来大发生，须及时防治。玉米螟是常发性害虫，通过药剂撒玉米喇叭口进行防治。玉米田杂草主要有：马唐、牛筋草、反枝苋、马齿苋。主要采用土壤处理或苗后喷除草剂防治。玉米整个生育期通常使用农药4次：

第一次是药剂拌种防治地下害虫及采用撒施颗粒剂防治地下害虫。采用的药剂有辛硫磷、毒死蜱等。

第二次是玉米播种后，通常采用土壤处理剂或苗后除草剂防治玉米田杂草。

第三次是在玉米3～6叶期防治黏虫，防治药剂有：菊酯类杀虫剂、有机磷杀虫剂、阿维菌素、除虫脲等。

第四次是防治玉米螟，主要采用颗粒剂撒施，采用的药剂有辛硫磷、甲基异硫磷颗粒剂。

但该地区在农业生产中仍然发现有使用中毒（Ⅱ类）和已经淘汰的农药品种（O类）的现象，如采用辛硫磷、毒死蜱、吡虫啉、高效氯氰菊酯中毒类农药防治地下害虫和蚜虫，采用戊唑醇、三唑酮中毒类农药防治白粉、锈病的发生以及精恶唑禾草灵（O类）防治麦田禾本科杂草。该类化学试剂不仅造成田间农药残留，同时污染环境以及人畜的饮食安全，因此有必要限制该类药品的使用，逐步采用Ⅲ类和U类农药。

4.4.3 统防统治技术

开展专业化统防统治主要带来3个方面的好处：首先能够减少农药使用量、生产成本以及对环境的污染。服务组织直接从生产企业采购高效低毒的大包装农药，采用高效率且施药质量好的机动喷雾机施药，农药污染减少，且有效地解决农药包装物的面源污染问题；其次能够显著提高病虫害的防治效率和防治效果；再者实现了农作物生产与农产品质量安全及农业生态环境安全。各地专业化统防统治组织实行了统一从厂家进口大包装农药、统一配药、统一按制定的专业化统防统治技术要求进行操作、统一进行药后防效检查，从而避免了那种开大处方、乱开处方的坑农害农行为、避免了广大农民见虫就打药、施药不科学的行为，从根本上保证了农作物生产与农产品质量安全及农业生态环境安全。

4.4.4　新农药、新技术的采用

化学防治方法是农作物有害生物防治的最经济有效方式。化学防治具有见效快、防治效果好、用法简便等优点。但也存在处理不当，造成环境污染，影响人畜安全，发生植物药害等缺点。项目区农民在使用化学防治方法时，缺乏PMP理念，没有尽量采用对人畜和环境影响较小的农药品种和施用方法，减少化学农药对农业环境的污染。随着高毒农药的禁用，高毒农药的替代产品不断得到开发，高活性的农药防治效果好，能大幅降低农药的使用量，环境友好型农药的开发大幅地降低了农药对环境的污染。同一农药品种往往有不同的剂型，好的农药剂型分散度高、分散性好，也有利于提高农药的防治效果。在农药的使用过程通过添加不同种类的助剂也能显著提高药效，减少农药的使用。此外许多农药新技术的应用也能减少作物种植过程中农药的使用，如秸秆覆盖除草技术、种子处理技术、土壤处理技术等。

4.4.5　新型植保机械的采用

植保机械目前应用的主要是施药机械，施药机械在病虫害化学防治中起着至关重要的作用。随着人们对生存环境要求的提高，如何提高农药的使用效率和有效利用率，如何避免或减轻农药对非靶标生物的影响和对环境的污染是农药使用技术及其施药器械的研究面临的两大科学问题。目前国内农药有效利用率仅为20%左右，80%的农药要飘逸到大气、落入水体，对人身等造成危害。新型的植保机械的主要优点体现在能显著提高机具的工作效率和农药的有效利用率，同时能减少农药对环境的污染和对人体的危害。本项目主要推荐的植保机械有：宽幅喷杆式喷药机、静电喷雾机、飞机低空施药机、超低量和低量喷雾机、烟雾机等。

4.5 节能减排技术模式集成与应用

目前为追求作物高产，生产中采用大肥大水的管理措施，不仅造成了农业面源污染，而且导致了病虫害的加剧。诸多研究认为，良好农田管理措施下温室气体具有减排效应（Paustian et al.，2000）。保护性耕作可以通过增加土壤团聚体稳定性来降低碳周转速率进而固定更多的有机碳在土壤当中（Paul et al.，2013）。旱地中农田有机物料的施用也被认为是可以通过增加土壤有机碳来源来增加土壤碳库的重要措施（Powson et al.，2012）。程琨（2013）减少氮肥施用所带来的 N_2O 减排份额尽管低于固碳带来的减排效应，但其减排效应仍不容忽视；而且，提高氮肥利用率所带来的减少作物生产成本、缓解由氮肥过量施用所引起的环境问题等效益仍应获得重视。因此，在生产中通过技术集成优化，结合农艺农机手段，适当减少作物生长过程中各个环节的物质能源节能效果，通过秸秆还田、土壤耕作、肥水调控及病虫害防治等手段，实现农田的省工节本、增收增效、环境友好的效果。

4.5.1 秸秆全量粉碎还田

小麦、玉米收获时，应将粉碎的秸秆覆盖于垄沟内；必须保证秸秆粉碎质量，采用机械作业时，要求拖拉机用低挡作业，以增加粉碎时间和切割速率。

4.5.2 使用配套垄作机械，提高播种质量

选用适宜的小麦、玉米垄作播种机械，根据垄作机械确定垄面宽度和播种行距。垄宽以75cm为宜，垄高17～18cm，垄上种3行小麦，选用小麦专用起垄播种机械，起垄播种一次完成，可提高起垄质量和播种质量，尤其能充分利用起垄时的良好土壤墒情。小麦收获后在垄上免耕播种两行玉米，一次性完成播种行旋耕、施底肥和播种（图4-5）。抓好药剂拌种，严控土壤害虫，为苗全、齐、匀、壮打下良好的基础。

图4-5　玉米垄作（宋振伟，2015）

4.5.3 加强肥水管理及病虫草害防治

小麦拔节期追施氮肥，追肥量为总施氮量的50％；玉米在拔节期和大喇叭口期追肥，每次追施总施氮量的25％。肥料直接撒入垄沟内，可起到深施肥的目的，然后再沿垄沟小水渗灌，这样可以防止根际土壤板结。适时、适量施用杀虫剂和除草剂，并结合人工和生物手段进行综合防治。

4.5.4 垄作与免耕覆盖技术相结合

垄作与免耕覆盖相结合可大大减少雨季地表径流，充分发挥土壤水库的作用，抑制杂草生长，减少土壤蒸发，大幅度提高土壤水分利用率及旱地土壤生产能力，对于旱地小麦、玉米生产具有很好的借鉴作用。垄作栽培技术能够达到节水、省肥、高产的目标，并且节省了灌水用电以及间接的化石燃料消耗，适合于我国1.5亿多亩水浇田推广。

据研究示范表明，采用小麦垄作，玉米免耕直播栽培技术，周年粮食产量可提高2 625kg·hm^{-2}，同时每公顷农田年均减少投入1 200元左右，具

有广阔的应用前景。垄作栽培增产增效，但要进行起垄、播种、覆土等多项作业，劳动强度相对较大，适宜于机械化作业水平高的地区。并且由于该技术适应推广地区较多，应加大研发符合当地气候特点、土壤类型和生产条件的新型小麦起垄播种和玉米免耕直播机具。另外，今结合不同地区水热资源综合利用，加强对适宜垄面宽度和播种行距的研究以及小麦垄作与玉米免耕直播的技术集成与示范，发挥两种技术的节能减排效应，提高农田可持续生产力。

4.5.5 农田配套优化种植技术

生产上除了以上的预防和防治手段外，也可以通过采用合理的田间种植技术措施实现节能减排：对于小麦而言，选择小麦品种不但要追求优质高产，还要选用抗病、高产稳产、综合性状好的品种。并要定期轮换，采用促优栽培技术、平衡施肥、科学灌溉、清沟理墒、促进灌排畅通、清除田埂及田间杂草、净化麦田环境，减少病虫草害寄生场所。对于玉米，主要通过以下农艺措施进行优化：①选用抗（耐）病品种：根据当地的自然生态条件和主要病虫危害种类，因地制宜地选用抗（耐）病虫品种，采取健身栽培，提高玉米抗逆性，减轻病虫危害。②清洁田园：在4月底前彻底清除庭院、农舍和田间的玉米秸秆（穗轴）等，将剩余的秸秆（穗轴）集中后用泥封垛，压低玉米螟基数，控制玉米螟危害。③适时迟播浅播：玉米丝黑穗病发生区要提倡适时迟播和浅播，减少黑粉（穗）病的侵染概率。④加强田间管理：结合田间管理，在草地螟卵孵化前清除田间地埂的杂草；在红蜘蛛发生初期及时将玉米底部有螨叶片摘除，对黑粉（穗）病发病株在未散苞前及时割除，将有螨叶片和病瘤、病穗装入袋中带出田外深埋。在大、小斑病发生期，摘除下部病叶，及时并垄玉米植株，加强通风，控制病害流行。

参考文献

蔡焕杰，康绍忠，2000. 作物调亏灌溉的适宜时间与调亏程度的研究[J]. 农业工程学报，16(3): 24-27.

程琨, 2013. 农田减缓气候变化潜力的统计计量与模型模拟[D]. 南京: 南京农业大学.

居辉, 周殿玺, 1998. 不同时期低额灌溉的冬小麦耗水规律研究[J]. 耕作与栽培 (2): 20-23.

史文娟, 胡笑涛, 1998. 干旱缺水条件下作物调亏灌溉技术研究状况与展望[J]. 干旱地区农业研究, 16(2): 84-88.

李玉山, 韩仕峰, 史竹叶, 1985. 渭北塬区农田水分供需特征和低定额灌溉研究[J]. 中国农业科学, 4: 42-48.

王怀博, 田军仓, 宋露露, 等, 2014. 作物优化灌溉制度理论与方法研究进展[J]. 中国农村水利水电(6): 21-25.

俞双恩, 朱兆通, 1997. 我国节水型灌溉农业综述[J]. 水利水电科技进展, 17(1): 25-28.

Paul B K, Vanlauwe B, Ayuke F, et al., 2013. Medium-term impact of tillage and residue management on soil aggregate stability, soil carbon and crop productivity. Agriculture, Ecosystems and Environment, 164: 14-22.

Paustian K, Six J, Elliott E T, Hunt H W, 2000. Management options for reducing CO_2 emissions from agricultural soils [J]. Biogeochemistry, 48, 147-163.

Powlson D, Bhogal A, Chambers BJ, et al., 2012. The potential to increase soil carbon stocks through reduced tillage or organic material additions in England and Wales: A case study. Agriculture, Ecosystems and Environment, 146: 23-33.

第五章
小麦—水稻种植系统节能减排技术模式

农田 N_2O 排放和稻田 CH_4 排放所引起的温室效应是农业活动温室效应的重要组成部分。稻田是中国最重要的农田生态系统，在保障我国粮食安全和生态安全上起着至关重要的作用。水稻是中国最主要的粮食作物，约有58.6%以上的人口以稻米为主食。尽管稻田总面积只占中国耕地面积的20%，却生产了中国48.2%的粮食。但是稻田系统的甲烷（CH_4）排放问题不可忽视，全球约16%的 CH_4 来自稻田系统，其中中国稻田 CH_4 年排放量约占全球的10%，约为500万t（Qiu 等，2009）。另外，随着常规集约化稻作规模的快速增长，投入稻田的直接与间接的化石能源日益递增，稻作节能问题也受到社会的广泛关注。在稻作技术和稻作模式创新上，以往主要集中在稻田粮食生产力提升和资源高效利用上，对稻田节能减排关注较少。同时，社会公众对节能减排的重视也多集中在工业和日常生活领域，对农田的节能减排认识非常不足。事实上，采用合理的稻作技术，不仅可以获得较高的产量，而且节能减排潜力巨大。而高投入、高能耗、高排放的不合理稻作模式不仅导致资源浪费，还引起严重的周边水域富营养化和农田环境有毒物质残留等面源污染问题（张福锁等，2009）。因此，在持续提高作物生产力、保障粮食安全的同时，通过技术创新及其优化集成，促进稻田系统节能减排已迫在眉睫（程序等，2008）。

稻田节能减排就是通过稻作理论创新与技术进步，在确保粮食持续增产的同时，合理降低对稻田的化石能源投入，在秸秆还田的基础上减少以 CH_4 为主的温室气体排放以及养分的流失和农用有毒物质的残留。稻田节能减排包括直接和间接两种形式。直接节能主要是指农机操作创新、耕作频度和强度降低、操作环节的集成与减少等所带来的化石能源投入减少，也包括农机具性能的提高所表现出的节能效应；间接节能则主要是指资源利用效率的提高以及农机具使用寿命的延长，从而减少农用化学物质的投入和机具的增补，节省了因生产这些化学物质和机具所消耗的能源。直接减排主要包括合理的水稻栽培技术，尤其是灌溉技术，从而使农田系统的 CO_2、CH_4、N_2O 温室气体和氮、磷、钾等养分以及秸秆排放直接减少，作业效率提高后农机尾气排放中的温室气体直接减排；间接减排则主要指因农用化学物质和化石能源减投下，避免了因生产这部分物质所要排放的温室气体及废弃物。另外，间接减排还包括稻作技术进步后，稻田土壤有机碳和氮积累增加，从而增加了大气 CO_2 和肥料氮在稻田土壤中的储存量，进而可以抵消稻田排放的部分温室气体。下面就农田节能减排的主要技术及稻作模式进行介绍：

5.1 保护性耕作技术

5.1.1 少免耕技术

水稻免耕栽培技术是指在收获上季作物后未经任何耕作的到田上，先使用除草剂灭除杂草植株和落粒谷幼苗，灌水并施肥沤田，待水层自然落干或排水后，进行直播和移栽种植水稻，再根据免耕作物的保留特点，进行栽培管理的一项水稻耕作栽培技术。与传统的翻耕栽培相比，直接平地播插，具有增产、节约成本、降低劳动强度和改良土壤等优点，是农业耕作技术的一项革新。由于免耕稻田的播种时土壤的软化程度不及翻耕田块，免耕直播稻播后扎根较晚，但其根系发生多而壮，吸水吸肥力较强，生长快，因而各生育阶段两者没有明显差异。同时，该项技术除具有翻耕直播已有的优点外，免去了秧田劳作环节，因此比翻耕直播更具省工、节本的优势。生产上常见的水稻免耕技术主要包括水稻免耕直播栽培技术、水稻免耕抛秧技术和水稻免耕套播技术（图5-1、图5-2）。

水稻免耕栽培技术效应包括如下几方面：①有利于改善土壤理化性状，减少水土流失，提高土壤肥力。免耕秸秆覆盖还田因有机物积累在表层，

图5-1　稻茬花生免耕技术

（图片来源：农业部南京农业机械化研究所）

图5-2　玉米免耕播种（郑成岩，2015）

因长期免耕不翻动土壤，面施的有机肥料和秸秆残茬主要积聚于土壤表层，而耕翻则使肥土相融，有机物随土壤耕作分布较为均匀。研究表明，长期免耕下有机质的表层富集效应并不会持续增加，而是稳定在一定的状态，从长远来讲，免耕和翻耕下的有机质含量并无明显差异。②免耕具有节约生产成本、增加种粮效益的作用。免耕与翻耕措施下作物产量差异不明显，但免耕栽培能明显减少生产成本，经济效益显著高于翻耕栽培。③免耕减少了温室气体排放，降低了农田的温室效应。总之，该项技术具有省工节本、简便易行、提高劳动生产率、缓和季节矛盾、减少水土流失、保护土壤、保护生态环境和增加经济效益等优点，在当前种粮效益较低，农民外出务工增多等新的农村形势下，免耕栽培具有较大的推广价值和应用前景。

5.1.2 秸秆还田技术

在小麦—水稻种植模式下，秸秆的随意堆放和焚烧，不仅导致了资源浪费，农田有机质含量降低，而且带来了严重的环境污染，因此在麦稻两熟制下开展秸秆全量还田模式具有重要意义。麦稻两熟制下的秸秆还田模式主要包括以下两方面：

小麦秸秆直接还田：小麦收获后，主要种植水稻、玉米、大豆等作物，其秸秆处理方式不同，主要分为整秆/粉碎翻埋、留高茬部分粉碎覆盖两种还田方式。①整秆/粉碎还田：一般用于后茬水稻种植，小麦收获后，进行水耕水整或旱耕水整还田。水耕水整：麦秸秆切碎匀抛→施基肥→放水泡田→水田秸秆还田机耕整地→水稻机插秧/抛秧/直播；水耕旱整：麦秸秆切碎匀抛→施基肥→秸秆还田机旱作灭茬还田→放水泡田→平田整地→水稻机插秧/抛秧/直播。②小麦秸秆留高茬部分粉碎还田：一般用于玉米、大豆等旱作物，联合收割机收割小麦后，留茬20~25cm，上部秸秆粉碎（<10cm）。在小麦行间，进行播种行旋耕、施肥、播种玉米；也有部分田块进行小麦秸秆粉碎还田（图5-3），种植玉米大豆等。

水稻秸秆直接还田：水稻秸秆还田可以分为覆盖还田、粉碎翻耕还田（图5-4）、留高茬粉碎翻耕旋耕还田（图5-5）等方式。①稻草覆盖还田：主要用于冬季蔬菜、油菜、冬闲等茬口，水稻收获后，秸秆整株覆盖，或者留高茬覆盖，作物免耕播栽。②稻草粉碎还田：主要用于冬小麦等作

图5-3 小麦季深松（郑成岩，2015）

图5-4 秸秆粉碎还田（陈留根，2010）

图5-5　水稻秸秆翻耕还田（张俊，2015）

物。水稻收获后，秸秆直接粉碎（<10cm），或留高茬（25～30cm）部分粉碎，均匀抛撒或人工摊匀。施基肥，根据土壤墒情和茬口时间，进行翻耕/旋耕灭茬处理（>15cm），将秸秆翻入土壤中，进行小麦施肥播种。

5.2 化肥增效减量施用技术

5.2.1 化肥减量施用

化肥等投入品减量，是促进农田直接和间接减排的关键技术。目前农户在作物生产中，施用的化肥种类主要是氮肥，土壤养分结构不合理。另外，在施肥量、施肥方法和施肥时期等方面，也存在亟待改善的问题。农户的化肥用量偏高，有机肥偏少或基本不施用。由于青壮年劳动力外出务工，施肥方式也大大简化，多半是在播种或移栽前，一次性施用，肥料浪费严重。同时，在施肥方法上，也多是人工面撒施，肥料利用率低，作物生长不良，后期倒伏早衰严重。

针对生产中化肥用量偏高、施肥方式不合理等问题，有必要进行精准配方平衡施肥技术应用和推广。精准配方平衡施肥技术是指通过对耕地的耕层土壤样本测试结果与农户实际生产情况调研结果进行综合分析，结合不同作物各生育期阶段的需肥规律、土壤供肥性能和肥料效应，掌握"前促、中控、后补"的施肥原则（即前期要多施肥，促进作物幼苗早发，中期要少施肥，控制群体生长，防止无效分蘖发生，提高成穗率；后期根据苗期和天气情况补施穗肥或根外追肥），得出全面综合的施肥方案，并通过科学合理施用化肥（包括适宜的施肥品种和施肥时期、准确的施肥数量、恰当的施用方法，合理的施肥结构等），在保证粮食产量稳定的前提下，达到减少化肥施用量，同时间接减少肥料生产耗能及由肥料使用引起的土壤 N_2O 排放，达到节省能源消耗、减少温室气体排放的目的。

5.2.2 化肥深施增效

水稻生育期施肥技术：确定基肥、追肥比例与时期；在水稻整地期间配合化肥撒施机械将肥料均匀撒在地表作为水稻基肥；在水稻生育中期采用化肥撒施机械将肥料均匀撒播与水稻植株根部附近。

小麦生育期施肥技术：确定基肥、追肥比例与时期；在稻茬地进行整地播种的同时，进行机械化施肥，化肥深施于种子下方或侧旁5cm处，种肥隔行分层，保证种子幼苗生长发育；在小麦生育中期，配合化肥施用机械进行化肥深施。

机械施肥大面积应用化肥深施机械化技术后，可以提高化肥利用率，减少化肥的损失和浪费，同时机械作业能保证种、肥定位隔离，避免烧种现象。种肥同床混施时，化肥直接与种子接触，极易腐蚀侵伤种子和幼苗根系，发生烧种烧苗现象。机械施肥工效高，劳动强度低，该项技术具有显著的节本增效效益，是我国大力推广的一项重点农机化适用技术。

5.3 优化灌溉技术

生产中仍存在基本农田水利设施配套不全、土地不平整等现象。这就导致了一次灌溉水用量偏高和旱季灌溉用水困难并存的现象，由此可见，灌溉农业对于农业生产至关重要。然而受到水资源质量与数量、城市化和工业化发展程度、社会管理体制等方面的限制，目前灌溉工程发展缓慢甚至倒退，这对于粮食安全生产造成了严重的威胁，由于达不到基本的灌溉水平，在为了保证农业产出，需要增加其他农业投入水平，这造成了对粮食生产和生态环境的潜在危害。进行灌排系统改善、优化灌溉技术、配套变压器购置，一方面可以节约用水量，减少提灌设备消耗能量；另一方面可以实现节约燃料使用、减少大气污染等项目目标，同时增加粮食产量，达到节能减排、降低单位质量粮食的排放水平，并提高农民生产积极性，促进经济发展和社会发展。

实施灌排系统改善与农田基础水利设施工程可以做到提高灌溉水利用率，减少渠系渗漏蒸发，改善主要建设沟、路、渠等田间配套工程，实现作物生长季能灌能排；宣传推广实施灌溉优化技术与节水高产灌溉技术，减少灌溉次数和单次灌水量，保根护叶，提高作物产量。进行土地平整作业，减少单次灌溉量，提高灌溉均匀度，改善作物生长水环境，提高产量。

5.3.1 灌排系统改善

因农田基础水利设施配套不全，导致了灌溉水利用率不高、灌溉耗水量大和旱季灌溉用水困难并存的现象。灌溉工程发展缓慢甚至倒退，对粮食安全生产造成了严重的威胁。进行灌溉系统改善与农田基础水利设施工程的建设，配合沟、路、渠等田间配套工程的整治与改善，将从基础设施方面优化灌溉系统工程，达到防渗的效果（图5-6）。

针对小麦—水稻种植系统，主要从以下几方面展开：①泵站设备性能改良，提高工作效率，降低电力、能源消耗；②沟渠硬化，进行防渗技术改造，改变以往的土渠浇灌，减少水分渗漏及蒸发，亦可使用管道代替明渠供水，直接由管道分水口分水进入田间沟畦，或是在分水口处连接一个软管，将水流入沟畦，提高用水效率，或通过管道系统将水输送到灌溉地段，利用安装在末级管道上的节水设备，减少水分渗漏和蒸腾，提高水分的利用率。

图5-6　稻田灌溉设施建设（图片源于吉林省水利厅）

5.3.2 节水高产灌溉技术

对现有灌溉模式进行优化，适时进行节水灌溉。对于小麦，在播种前应保持充足的底墒，而在拔节期、灌浆期的灌溉，对于小麦产量的保证、虫害控制和肥料使用效率的提高至关重要。水稻在搁田复水后采用间隙灌溉，干湿交替，养根保叶、提高水稻结实率和千粒重。项目区进行农田灌溉技术优化与节水高产灌溉技术的推广，配合土肥和农机农艺技术培训与服务，在全项目区开展技术普及宣传与推广。

5.3.3 灌溉动力替代

由于生产力发展的限制，部分村庄仍然使用柴油机吹水结合小白龙灌溉的方式，每公顷灌溉需柴油用量过大、温室气体排放严重，农田灌溉耗能高，因此，可通过改善电力基础设施，在使用柴油灌溉的生产区域进行灌溉动力替代。

5.3.4 水田土地平整

水田需要在水稻生长的特定时期进行淹水，由于土地不平整，在水稻灌溉时造成两方面的问题，一方面灌溉量较大，另一方面淹水深度不一严重影响产量。因此可以依托农机合作社，利用整地机械平整土地，增加田块平整度，减少稻田的用水量（图5-7）。

图5-7　激光平地仪平地作业（孙仲永，2014）

图5-8　小麦季厢沟配套技术（张俊，2015）

5.4 病虫害综合防治技术

5.4.1 小麦病虫草发生危害及防治技术

针对小麦—水稻种植系统，以安徽为例，安徽省位于长江中下游冬麦区，为产粮大省，粮食作物常年播种面积610万hm²左右，约占全国播种面积的6%，居全国第六位；其中小麦常年种植面积稳定在196万hm²，占全国面积的8%，列全国第四位，是我国重要的商品粮基地，在保障全国粮食安全中起着举足轻重的作用。

当地小麦种植主要病害有赤霉病、白粉病、锈病、纹枯病。小麦赤霉病为危害当地小麦生长的主要病害，一般发生于4月上旬至5月下旬。小麦赤霉病属典型气候型病害，若小麦抽穗扬花期遇低温阴雨或多雾天气，将呈中等偏重发生。当地种植的小麦品种大多不抗病，小麦品种主要有烟农19、烟农5158、偃展4110等，均不抗赤霉病。白粉病一般发生于3月底至5月初期，主要存在于稻茬免耕田和少部分播种的稻茬耕种麦田中。虫害主要包括蚜虫和红蜘蛛，其中蚜虫危害较为严重，多发生在小麦穗期和灌浆期。由于当地种植水稻品种生育期较长，一般为150d左右，使得小麦种植相对较迟，一般在小麦返青期进行田间杂草的防除工作。发生的草害主要有猪殃殃、播娘蒿、萹蓄、繁缕、看麦娘、菵草、硬草等阔叶杂草和禾本科杂草。在小麦生长周期内，农药使用情况如下：

除草剂的使用情况：采用16.9%精恶唑禾草灵水乳剂每亩80～100mL防治小麦田禾本科杂草，采用10%苯磺隆可湿性粉剂每亩12～15g防治阔叶类杂草。

杀虫剂的使用情况：主要是小麦蚜虫的防治，采用10%吡虫啉可湿性粉剂每亩20g或25%吡蚜酮悬浮剂每亩20g进行防治。

杀菌剂的使用情况：采用20%三唑酮乳油每亩50mL防治小麦白粉病的发生，采用20%水溶性粉剂每亩200mL或12.5%井冈蜡芽菌水剂每亩150mL防治小麦纹枯病的发生，采用40%多菌灵悬浮剂每亩150mL、25%氰烯菌酯悬浮剂每亩100mL或70%甲基托布津可湿性粉剂每亩100g防治小麦赤霉病的发生。

5.4.2 水稻病虫草发生危害及防治技术

该地区稻作制度主要有沿淮麦/稻、江淮油（麦）/稻，山区一季稻，沿江、江南双季稻，水稻种植面积约230万hm²，其中以中稻生产为主，面积和产量分别占水稻生产的66.4%和71.7%。当地水稻主要病害有纹枯病、稻瘟病、稻曲病。稻曲病是当地水稻常发性病害，重发频率较高；稻瘟病近年来在粳糯稻上也发生较重。水稻穗期主要发生稻曲病和稻穗颈瘟病。虫害则主要包括稻飞虱、水稻螟虫。当地危害水稻主要螟虫为稻纵卷叶螟，一般发生3～4代，并且有明显的世代重叠现象。草害的发生情况与水稻的种植模式有着密切的关系。该地区采用机插秧种植的面积不到10万亩，大部分的水稻种植都是以直播水稻为主，主要危害的杂草有马唐、稗草、莎草、千金子、空心莲子草、鸭舌草等单子叶和阔叶杂草。由于机插秧苗小，不能随便使用除草剂，一般要选用机插秧的小苗除草剂，避免产生药害；防除杂草是直播稻高产栽培的关键，草苗同期，直播稻杂草旺长，易造成严重草荒，引起大幅度减产，甚至颗粒无收。水稻生育期内主要农药使用情况如下：

除草剂的使用情况：直播水稻田采用33%二甲戊灵乳油每亩200mL或10%吡嘧磺隆可湿性粉剂每亩20g进行封闭处理，采用15%氰氟草酯乳油每亩80～100mL、10%韩秋好乳油每亩100mL或48%灭草松水剂每亩100～150mL进行茎叶处理。机插秧水稻采用60%丁恶乳油每亩150mL或15%氰氟草酯乳油每亩100mL处理一次即可。

杀虫剂的使用情况：防治稻纵卷叶螟四代、五代、六代的发生一般用药4～5次，主要采用1.8%阿维菌素乳油每亩150mL或48%毒死蜱乳油每亩100mL或康宽每亩10g进行防治；稻飞虱四代、五代、六代的发生一般用药4～5次，主要采用25%噻嗪酮可湿性粉剂每亩50g或48%毒死蜱乳油每亩100mL或25%吡蚜酮悬浮剂每亩25g或80%敌敌畏乳油每亩100mL进行防治；水稻苗期蓟马的防治采用48%毒死蜱乳油每亩100mL或10%吡虫啉可湿性粉剂每亩20g进行防治，其中48%毒死蜱乳油有兼治稻水象甲的作用。

杀菌剂的使用情况：采用12.5%井冈·蜡芽菌水剂每亩200mL或5%

己唑醇悬浮剂每亩80mL或50％多菌灵可湿性粉剂每亩100g防治水稻纹枯病的发生；采用75％三环唑可湿性粉剂每亩20g或40％稻瘟灵乳油每亩100mL防治稻瘟病的发生；采用30％苯醚甲环唑·丙环唑乳油每亩20mL或25％戊唑醇水乳剂或5％己唑醇悬浮剂每亩80mL防治稻曲病的发生。

但在该地区农业生产中仍发现有使用中毒（Ⅱ类）和已经淘汰的农药品种（O类）的现象，如杀虫剂毒死蜱、抗蚜威、吡虫啉，杀菌剂三唑酮、烯唑醇、戊唑醇、三环唑、丙环唑等中毒类农药以及除草剂已经淘汰使用的产品精恶唑禾草灵。该类化学试剂不仅造成田间农药残留，同时污染环境以及人畜的饮食安全，因此有必要限制该类药品的使用，逐步采用Ⅲ类和U类农药。

5.4.3 统防统治技术

目前，农民由于缺乏病虫害诊断和科学使用农药的知识，用药主要靠经销商的推荐。由于农药经营者众多，销售手段百出，使许多农户在具体选用农药时比较茫然，一般都是道听途说。在农药的具体使用上也存在较多的误区，如随意加大农药使用量、增加打药的次数、见虫就打等现象。一般在水稻种植期，病虫害打药一般3～4次，除草一般1～2次，全生育期总的用药成本在200元/亩左右，如果当年病虫害发生比较轻，还能适当地减少打药的次数。由于技术水平较低，经销商也不能确诊病虫害，经常要农民加大用药量，或几种农药混合使用。加之农民无准确的预测预报能力，一般等到病虫害大发生时才进行施药，造成施药量加大并且防治效果不佳，并且病虫害抗药性增强的趋势。

因此，准确地诊断病虫草害，并发布预测预报、改进施药器械，推广统一防治技术，避免病虫害有庇护所，一次集中防治，达到有效控制病虫害的效果，从而减少农药的使用量。

5.4.4 新农药、新技术的采用

在农药的选择应用上，示范推广高效、新型农药、多功能混剂、新型植物源农药和高效使用技术。根据稻田CH_4和旱地N_2O的产生、排放特征

和减排机制以及土壤碳循环机制，目前已经研制出诸如新型肥料替代品、CH_4 与 N_2O 抑制剂、生物碳等新材料。这些新材料在小面积科学试验中，已经呈现出非常明显的固碳减排效应。通过设置对比试验，分析不同材料的综合效应，比较其减排效果及对作物产量的影响，明确不同材料用量及高效使用技术下，农田有机碳、温室气体排放和作物产量的变化特征，筛选出利于当地作物增产、水肥增效和农田增碳减排的新材料及其高效施用方法，促进新材料和高效使用技术的大面积推广应用，实现农田土壤固碳减排。

5.4.5 新型植保机械的采用

农业机械化不仅大幅提高劳动生产率，还有利于提高粮食单产、改善农作物品质。通过新型植保机械的使用，能够解决传统农药使用作业效率低、有效利用率低等问题，可大幅减低农药的使用量，提高作业效率，从而达到节能减排的目的。

5.5 节能减排技术模式集成与应用

不同稻作模式下，因技术水平差异，其能效和废弃物排放量不同，所以节能与减排的潜力也不相同。对于能效较高的稻作模式，则更多的是如何减少温室气体的排放和养分的流失，在直接减排的同时实现间接节能。对于温室气体和废弃物排放量比较低的稻作模式，则更多地应考虑如何从能效上着手，在直接节能的同时进行间接减排。稻田的节能减排是一个相互促进的整体，稻田作业次数的减少、作业环节的集成，不仅降低农田养分流失的风险，而且也减少温室气体的排放。稻田减排将显著提高土壤质量，从而可以减少土壤耕作次数，减少化学物质投入，实现直接与间接节能。

5.5.1 稻田节能减排效应

（1）保护性耕作技术节能减排效应。保护性耕作的直接性和间接性节能减排潜力非常大，通常稻田免耕播种移栽可以节省50％以上的直接能源

消耗；条带旋耕可以减少30%以上的直接能源消耗。少免耕的减排效应，除了农机作业环节及次数减少而产生的尾气直接减排效应外，主要是间接减排。少免耕由于减少了对土壤的扰动，可以促进土壤有机碳积累，从而间接减少了土壤碳排放。秸秆还田可以显著提高土壤肥力，减少化肥投入，进而间接节省了生产这些化学肥料的能源消耗。而且秸秆还田可以促进土壤氮素保持，直接减少30%以上的N_2O的排放量。在秸秆还田措施下，尽管CO_2和CH_4排放量有所增加，但同时显著提高土壤有机碳含量，起到了间接减排效应。

（2）稻田浸润灌溉技术节能减排效应。浸润灌溉技术已经在中国稻区得到了普遍应用，并出现了旱直播浸润灌溉新技术，进一步缩短了稻田淹水时期。稻田浸润灌溉技术减少了稻田灌水次数，尤其是在水旱轮作和东北单季稻等灌溉稻作区，谭淑豪等研究结果表明，稻田用水量可以减少40%以上，进而直接降低了灌溉的能耗。而且，浸润灌溉可以减少40%以上的CH_4排放，直接减排效应显著。虽然浸润灌溉技术，尤其

图5-9　稻田厢沟浸润灌溉（张卫建，2015）

是干湿交替灌溉及烤田技术能显著提高稻田 N_2O 的排放，但由于稻田控水时期往往是作物生长旺期，土壤氮素含量较低，因此 N_2O 排放的增幅较小，对 GWP 的总体影响不显著。尤其是秸秆还田时，土壤微生物在分解秸秆过程中能吸收并固定大量的土壤氮，从而进一步减少 N_2O 的排放（图5-9）。

（3）稻田精确施肥技术节能减排效应。据统计(张成玉等，2009)，目前正在大面积推广示范的以测土配方、精确定位和控释肥等集成的精确施肥技术，不但能使肥料利用效率平均提高3.6%，而且水稻产量也提高750～900kg/hm²，同时还减轻稻田对周边水域的污染。在同等产量水平下，稻田精确施肥技术可以大大减少化肥的投入，因而间接地节约了生产这些化肥的能源投入，间接节能效果明显。在减排方面，由于化肥尤其是氮肥利用效率的提高，可以直接减少30%以上的 N_2O 排放。另外，由于同等产量水平下化肥施用量的明显减少，进而间接地减少了因生产这部分化肥过程中所排放的温室气体。

5.5.2 稻田节能减排的主体模式

目前可以直接用于稻田节能减排的主要技术途径包括保护性耕作、浸润灌溉和精确施肥等方面，通过技术集成，构建适合中国不同稻作区的节能减排稻作模式。

保护性耕作、浸润灌溉和精确施肥是稻作节能减排的三大关键技术，通过系统集成，形成稻作系统的周年节能减排稻作模式。以江淮平原为代表的水稻—旱作物一年两熟稻作区为例，稻作季在旱作物秸秆高留茬和粉碎覆盖还田的基础上，进行条带旋耕、旱直播、深施肥、化学除草等一次性作业，之后开好田间灌排水丰产沟；播种后采用浸润灌溉，促进种子发芽出苗分蘖；够苗期进行控水，防止无效生长和分蘖；幼穗分化和孕穗期起，进行浸润灌溉。小麦季在水稻秸秆高留茬和粉碎覆盖还田的基础上，在水稻行间进行条带旋耕/免耕播种，实现稻草的立茬覆盖；肥料一次性深施、化学除草和开好灌排沟后，按常规高产栽培进行田间管理。水旱轮作稻作区的节能减排模式是中国稻田节能减排的主体，在降低能耗、减少温室气体排放方面的潜力非常巨大。

5.5.3 农田配套优化种植技术

生产上除了以上的预防和防治手段外，也可以通过采用合理的田间种植技术措施实现节能减排。在小麦季，选择小麦品种不但要追求优质高产，还要选用抗病、高产稳产、综合性状好的品种。并要定期轮换，采用促优栽培技术、平衡施肥、科学灌溉、清沟理墒、促进灌排畅通、清除田埂及田间杂草、净化麦田环境，减少病虫草害寄生场所。在水稻季，主要包括以下几方面措施：①因地制宜地选用抗病虫的丰产良种：水稻病虫种类多，应以当地主要种类为对象，选育多抗、优质、高产的抗耐良种，在加速繁育和利用现有良种的同时，还应注意病虫生理小种和生物型变化的动态，继续选育新的接班品种并大力开展良种的提纯复壮工作，保证良种的优良种性持续稳定。②建立合理的品种布局和耕作制度：根据当地气候等自然条件，突出当家品种，适当搭配早、中、晚品种合理布局，做到品种生育期、播期、栽插期与抽穗成熟期对口，使水稻易感病虫的生育期，避过当地适宜病虫发生的时期，特别是在生育期较短的地方，应力争使抽穗期避过秋季寒流侵袭，以减轻损失。此外，在品种和种植制度布局上，还应尽量减少"桥梁田"，减少病虫栖息和营养来源的衔接而压低其危害。提倡田埂种豆，为蜘蛛等捕食性天敌提供补充寄主（如豆蚜）和隐蔽场所，有利天敌繁殖。③科学用水、合理施肥、改善稻田小生境：水是许多水稻病害病原入侵、传播、蔓延的必要条件，水稻白叶枯病、稻瘟病、纹枯病和褐稻虱等都要求高湿度的小生境，因此要根据水稻不同品种的需水规律实行浅水勤灌、适时烤田。按照水稻生育特点，要坚持底肥施足、追肥施早、补肥施巧、磷钾肥配合的科学原则，保证水稻个体和群体生长发育健壮，提高水稻抗病虫能力。

参考文献

程序, 2009. 生物能源与粮食安全及减排温室气体效应 [J]. 中国人口·资源与环境, 19(3): 3-7.

高旺盛, 2011. 中国保护性耕作制 [M]. 北京: 中国农业大学出版社.

国家统计局, 2008. 2008 年中国农业年鉴 [M]. 北京: 中国农业出版社.

谭淑豪, 张卫建, 2009. 中国稻田节能减排的技术模式及其配套政策探讨 [J]. 科技导报, 27(923): 96-100.

张成玉, 肖海峰, 2009. 我国测土配方施肥技术增收节支效果研究—基于江苏、吉林两省的实证分析 [J]. 农业技术经济 (2): 44-51.

张福锁, 王激清, 张卫峰, 等, 2008. 中国主要粮食作物肥料利用率现状与提高途径 [J]. 土壤学报, 45(5): 915-924.

Qiu J, 2009. China cuts methane emissions from rice fields [N/OL]. Nature News, 08-18.

第六章
国外作物系统节能减排技术模式与政策概述

6.1 国外作物生产的节能减排种植模式

根据联合国政府间气候变化专门委员会（Intergovernmental Panel on Climate Change，IPCC）第五次评估报告表明，2010年全球农林业温室气体排放12 $GtCO_2eq$（CO_2当量），占人类活动总排放的24%（49±4.5 $GtCO_2eq$）。中国作为世界上一个重要的农业大国，作物生产对碳排放的影响不可忽视。2014年APEC期间，中美达成减排协议，中国承诺本国温室气体排放约在2030年达到最高值，并争取早于该时间做到；而美国承诺到2025年将本国温室气体年排放量在2005年水平上削减26%～28%。这势必对农业节能减排提出更多要求。改进作物种植模式具有巨大的节能减排潜力，本节综述了几种重要的国外作物节能减排种植模式。

6.1.1 农林复合种植模式

农林复合种植模式（Agroforestry）是通过空间和时间的布局安排，将土地利用和工程应用技术相结合，有目的地将多年生的木本植物精心地用于农作物所利用的土地经营单元内，使其形成各组分间在生态上和经济上具有相互作用的土地利用系统和技术系统的集合。农林复合种植模式具有较高的生态效益、经济效益和社会效益，是能够实现粮食生产、缓解贫困和环境保护三者的平衡发展，是解决当前资源枯竭、农林用地矛盾等问题的可持续土地管理模式。

农林复合种植模式不仅能提高农民应对气候变化的能力以及改善粮食安全和农村生计，同时也能增加碳储存，减少由侵蚀引起的土壤碳损失。随着气候变化的加剧，农林复合种植模式的减排固碳潜力近年来引起社会的广泛关注。对农林复合种植模式而言，节能减排主要是农林复合种植模式具有保持水土，提高土壤肥力的作用。固碳主要是植物光合作用固定大气中的CO_2，然后将其固定在植物、腐殖质及土壤碳库中长期储存的过程（Nair，2011）。基于农林复合种植模式固碳潜力的影响因素（如系统类型、系统内物种组成、组分的年龄结构、气候因子、环境条件和管理措施等）提出增加农林复合种植模式固碳潜力的方法和途径：①扩大农林复合种植模式的分布面积，将低产田、退化农田或草地转变为农林复合种植模式。②因地制宜选择适宜的农林复合种植模式，要建立高效的农林复合种植模式。③农林复合种植模式在设计时要最大限度地增加物种间的互利共生和降低物种间的竞争，充分发挥系统的整体效益。④依据经营目的确定农林复合种植模式的经营主次和不同物种的密度和株行距，建立合理高效的农林复合种植模式群体结构（水平结构、垂直结构、营养结构和时间结构），实现资源的充分利用，提高系统生产力和固碳潜力。⑤通过短期的培训或指导，提高农林复合种植模式的管理水平。使农林复合种植模式的建造者掌握免耕、保护性耕作、灌溉、施肥、剪枝、轮牧和刈割等农业、林业和草业的基本管理措施，最大限度地提高农林复合种植模式的固碳潜力。

农林复合种植模式作为一种有效的可持续发展的土地利用和综合生产途径，已引起世界各地的普遍重视，并取得了令人瞩目的成就，在生产中起着重要作用。例如：在非洲的半干旱地区，有一种多年生的合欢树与一年生谷类或豆类共生的农林复合种植模式。在雨季，豆类或谷类正常生长，而合欢树雨季落叶，给下层作物生长留出足够的阳光，地表厚厚的合欢叶给谷类或豆类提供养分，减少施肥量，减少土壤水分蒸发，减少温室气体排放；在旱季，下层作物已收获，合欢树在旱季长叶子，具有固碳的作用。Albrecht 和 Kandji（2003）的预测结果表明：农林复合种植如果布局合理，在未来50年内，可以从大气中吸收 1.1 ~ 2.2Pg C。目前，农林复合种植模式虽然方兴未艾，但仍有许多方面需要加强，目前急需解决的问题有：一是

当地环境条件的农林复合模式的开发与采用；二是农林复合种植模式经济效益周期较长、土地租用年限等问题影响农民积极性；三是农林复合种植模式的生态效益需要规模化种植才能凸显，因而需要较大规模投资或联合种植。

6.1.2 农牧复合模式

农牧复合模式(integrated crop and livestock systems)指的是农区种植业与养殖业相互适应与协调：种植业生产要满足养殖业生产发展的要求，为养殖业提供足量、优质的各种饲料；养殖业的规模和种类与种植业提供的数量和种类相适应，为种植业的发展提供指导意见，并确保其发展后劲。农牧结合的种植制度（cropping system for mixture farming system）是指在农区与养殖业相适应的种植制度，是种植制度中比较广泛的一个概念。在一个地区，它要求各种作物的结构、配置、熟制、种植方式等能适应该地区一定数量与结构的养殖业发展。农牧复合模式能够改善食物结构、增加农民收入、维护农业生产的可持续性。

近年来，随着气候变化的加剧，农业清洁生产成为缓解气候变化研究热点之一。农牧复合模式具有产品互补功能，种养业经营相互促进。种植业为养殖业提供大量的物质，而养殖业一方面消耗和充分利用种植业的副产品和废弃产品；另一方面其粪尿也为种植业提供有机肥，既降低化肥投入的种植业成本，又避免粪尿废弃与种植业施用大量化肥增加排放。该模式通过建立立体种植和养殖业的格局，组成各种生物间共生互利的关系，合理利用空间资源，并采用物质与能量多层次转化手段，促使物质再生和能量的充分利用，同时进行生物综合防治，少用农药，避免重金属污染物或有害物质进入生态系统。因而，种植业和养殖业产品互补功能不但提高了经济效益，而且减少浪费，节约资源，同时还改善了生态环境，降低温室气体排放，缓解气候变化。

种植业生产过程中作物收获后所产生的秸秆、落叶等作物废弃物，会通过秸秆还田聚集在土壤表层，通过微生物氧化排放出大量的二氧化碳、氧化亚氮等温室气体，也可通过秸秆燃烧，产生更多的温室气体，从而增加了种植业温室气体排放。而养殖业可以将作物废弃物转化为动物饲料，从而一方面减少种植业废弃物温室气体排放，另一方面减少动物饲料所需的农产品，降低养殖业温室气体排放。此外，养殖业所产生的粪、尿等无效使用，也会通过甲烷、二氧化碳等排放到大气中，增加温室气体排放，而农牧结合可以使种植业充分利用养殖业的废弃物，使得作物吸收，不仅降低了养殖业废弃物的温室气体排放，还减少了种植业所需化肥用量，降低了种植业使用化肥所造成的排放，因为化肥的制造本身也是一种温室气体排放过程。在某些特殊情况下，农牧结合还可以有效减少作物病虫害的危害，减少种植业的农药用量，这本身也是一个节能减排的途径。

建立农牧复合模式，以农养牧，以牧促农的农牧复合经营模式已成为一些国家农业的主要发展形式。例如：以色列人口不多，耕地较少，土地干旱，水资源缺乏。该国通过加强农业研究，将发展畜牧业作为重点，以牧养农，减少温室气体排放。通过10多年的努力，农牧结合得到了飞速发展。菲律宾和东南亚地区在农牧结合生态农业方面也发展较快，菲律宾于1982年成立了一个地区性的协作研究机构——东南亚大学农业生态系统研究网，重点研究提高生态农场的生产率、稳定性、持久性和均衡性，通过不断探索，在近几年按生产结构不同，发展了畜牧业与种植业结合型、旱地农牧渔结合型、旱地农牧结合型等多种成功的农牧结合模式。

6.1.3 农作物多样化种植

农作物多样化是指农业生物及其与农田环境形成的农业生态复合体以及与此相关的各种农业生态过程的复杂多样化，包括农田生态系统多样化、农作物物种多样化和物种遗传基因多样化等三个主要组成部分。农作物多样化指根据当地的环境条件，采用育苗移栽技术、间混套作、复种、轮作等种植模式、温棚地膜等农艺性和保护性工程措施，缩短农作物生长周期，因地制宜地种植最适作物，增加一季适用短期作物，将一熟区转成二熟区，二熟区转三熟区，实现一年多熟。利用农作物之间特有的共生互利、相承互补关系以及喜光耐阴等不同生长特性和生态习性，进行间作混种，发展多种形式的立体农业，如玉米大豆间作、甘蔗西瓜套种等，合理调整种植结构与种植制度，提高作物复种指数和播种面积，在增加作物产量的同时，减少温室气体排放。例如水旱轮作，能减少稻田甲烷排放。

作物多样化的益处主要有：①增加小农户的收入。②减少价格波动的影响。③适用不断增加的气候变化影响。④平衡食物需求。⑤改善家畜饲料。⑥节约自然资源。⑦使环境污染最小化。⑧减少非农产品的依赖。⑨不同作物轮作，可减少虫害、病害与杂草。⑩增加食品安全。面临日益加剧的气候变化，作物多样化不仅能提高农业生态系统应对气候变化风险的能力，降低总体作物减产的风险，并为农民提供多样化的收入来源，并能减少化肥、农药的使用，尤其是具有生物固氮作物的豆类作物，能够减少氮肥使用，冬闲种植覆盖作物，能够降低农田温室气体直接排放，减缓气候变化。

合理作物的多样化种植会提高农田有机碳含量，减少农温室气体排放。例如，Andreas et al. (2006)报道玉米–玉米–苜蓿–苜蓿轮作体系土壤固碳量高于玉米–玉米–大豆–大豆轮作体系和玉米单作。Gan et al. (2014) 基于加拿大25年的轮作实验表明小麦连作处理下的土壤有机碳增加显著，高于其他3个种植模式（休耕–小麦模式、休耕–小麦–小麦模式、休耕–小麦–小麦–小麦–小麦–小麦模式）。合理作物的多样化种植，可以通过改变耕层结构、合理配置环境与资源等，最终达到节能减排，并且高产的目的。

几千年来，世界多样化的气候及复杂的自然地理条件形成了类型多样化的生态系统。在长期的自然与人工选择作用下，创造了诸多的耕作制度，还有多种多样的农田生态系统，促进了农作物多样化的发展。近年来，随着农业现代化的发展与气候变化的加剧，农作物多样化发展受到了威胁，呈现出作物单一化、品种专用化现象。根据联合国的统计，从1900年到2000年的一个世纪里，世界粮食和农业植物多样性已经丧失了75%。作物多样化的减少，不仅增加了农业系统应对气候变化的风险，威胁着国家与世界的粮食安全，并进一步增加了温室气体的排放，加剧了气候变化的进程。

6.2 国外作物生产节能减排技术

6.2.1 高效品种的开发与利用

20世纪的农业集约化将现代生物化学技术与工程技术应用于作物生产，

同时也采用了机械化、标准化、节约劳动力的技术，并利用化学品对作物进行施肥和保护。农业集约化开始于绿色革命，它发展了各国的经济，减轻了农业贫困，改变了粗放式的农业，从而拯救了大片生态脆弱的土地，还阻止了世界人口增长出现的马尔萨斯预言的后果。但是，农业产量和生产力迅猛增长的同时也给农业基础自然资源造成了严重负面影响，甚至危及未来农业生产潜力，例如：灌溉区域的农田盐渍化，化学肥料的过度施用而导致的温室气体排放和水体硝酸盐污染，地下水过度开采，土壤荒漠化等，而且受农业破坏的范围变得越来越大。为减缓和恢复农业生态系统的可持续性，除了田间耕作管理措施外，还可以利用高效品种来提高水肥利用效率。

高效育种是指选育在较低的水肥投入条件下，选育减产幅度较小的高产品种。英国洛桑试验站1952—1967年试验结果表明，由于品种的更换使得肥料的利用率由24%提高为82%；中国农业大学昌平试验站1985—1993年冬小麦–夏玉米轮作试验表明，由于作物品种更新，在同样的施肥和生产管理条件下，冬小麦的氮肥利用率由49%提高到54%，夏玉米由30.5%提高到56.7%，春玉米由44%提高到58%。目前最常见的是氮高效育种和水高效育种，氮高效育种是高氮高产和低氮的协调统一，既可以在高投入的地区保证高产的同时，高效吸收利用土壤中的氮素，从而减少硝酸盐的淋失，减少温室气体氮氧化合物的排放；还可以在减少氮肥投入的条件下，充分利用作物生长季土壤中的矿化氮，达到相近的高产水平，从而实现减少生产成本投入，增加农民收入的目的。氮高效育种是基于高产、稳产、优质、多抗的基础上，充分挖掘植物氮效率遗传潜力的品种改良。目前，世界上的玉米氮高效遗传改良工作已取得了良好的效果，美国、墨西哥、巴西和德国在这方面的技术已处于领先水平。德国霍因海姆大学的研究表明，低氮环境下选育可以得到耐低氮的玉米品种，墨西哥和巴西在低氮下轮回选择耐低氮玉米群体，都有不同程度的增产效果。研究表明，在低氮条件下筛选欧洲主推品系，所组培的杂交种更适应低氮环境。欧盟除了对玉米进行了氮高效品种的筛选外，还对油菜、马铃薯和春小麦进行了一系列的筛选和试验。

水分高效利用的概念涵盖了作物品种的抗旱性，但并不完全等同于抗

旱性。抗旱性突出反映的是作物品种对于干旱胁迫的耐受力，抗旱性强的品种在干旱条件下的产量高于一般品种，而水分高效利用则表现为作物品种对干旱和丰水条件的广泛适应性，具有水分高效利用特性的品种在干旱或水分充足的条件下都能获得较高的产量。有的抗旱性很强的作物品种可能在水分极其短缺、其他许多品种都基本绝收的条件下还能保持一定的产量，而在水分条件改善之后增产效果也不明显。同一作物的不同品种间水分利用效率相差很大，以小麦为例，中科院栾城试验站2003—2004对19个小麦品种进行试验表明，不同小麦品种的水分利用特征有显著差异，产量相差最大达到44.86%，水分利用效率相差可达42.18%。因此，通过选育和利用高效品种作物，能够有效提高农业水肥利用效率，减少对农业基础自然资源的破坏，维持农业发展潜力，从而实现农业可持续发展。

6.2.2 保护性农业

狭义的保护性农业是指最小的对土壤结构、成分和天然的生物多样性的破坏，实现土壤最小侵蚀与退化和最小的水污染而采取的土壤管理实践；从广义来讲，保护性农业是指在保护环境、提高环境质量的前提下，以保护性耕作为主体，有效地对可利用的土壤、水分以及生物资源进行综合管理，实现农业的可持续发展。保护性耕作起源于美国，其主要指导思想为：在保护环境，提高环境质量，实现农业可持续发展的前提下，有效地节省和利用资源，改善农产品质量，提高农业产量和利润。目前保护性耕作已成为世界上应用最广、效果最好的一项旱作农业技术，越来越受到世界各国的关注，已被美国、加拿大、澳大利亚等国家的农民认可，实施面积不断扩大。

根据对土壤的影响程度保护性耕作技术可划分为3种类型：①以改变微地形为主：包括高耕作、沟垄种植、垄作区田、坑田等。②以增加地面覆盖为主：包括高带状间作、等高带状间轮作、覆盖耕作（包括留茬或残渣覆盖、秸秆覆盖、沙田、地膜覆盖等）等。③以改变土壤物理性状为主，包括少耕（含少耕松土、少耕覆盖）、免耕等。保护性耕作技术通过以上所示减少耕作，增加地表覆盖，对土壤实现"少动土""少裸露"，使土壤达到"适度湿润""适度粗糙"等土壤状态。与传统耕作方式相比，保护性耕作对农田碳库的维持和保护具有重要的影响：

（1）保护性耕作对农田固碳潜力的影响。耕作方式对表层土壤有机碳有较强的影响，传统耕作由于对土壤的翻动作用，土壤好气性微生物增加，有机碳迅速矿化，而保护性耕作减少了对土壤的扰动，加上地表残茬的作用，减少了表土有机碳的流失，增加了表层有机碳的含量。大量研究表明，保护性耕作可以增加表层土壤有机碳的含量，而对于保护性耕作是否可以增加深层土壤有机碳含量国际上观点并不一致，有学者研究认为，和传统耕作相比，少、免耕通常增加的土壤有机碳主要集中在土壤表层几厘米深度，并不总是引起整个土体土壤有机碳的增加，表现出明显的层化现象，即土壤表层有机碳含量高，随着深度的增加而有机碳含量下降，甚至出现较低的水平。保护性耕作由于减少了土壤扰动，增加了地表覆盖，提高了土壤耕层有机碳含量，减少了碳排放，很多科学家认为保护性耕作具有碳汇效应，同时保护性耕作还可以节约化石燃料，起到间接固碳的效果。Lal估计，如果全球耕地实行保护性耕作后，土壤有机碳含量预计到2020年可以增加到$5.37 \times 10^8 \mathrm{mg} \cdot \mathrm{hm}^{-2} \cdot \mathrm{a}^{-1}$。

（2）保护性耕作对农田生态系统碳排放量的影响。土壤耕作是农业生产系统主要的能耗过程，直接影响系统能流–碳流变化过程，对大气CO_2通量增加和土壤有机碳分解损失有着明显贡献。有学者将土壤的固碳减排和土壤耕作的能源利用及经济分析联系起来，从整个农田生态系统考虑碳排放。与常规耕作相比，保护性耕作秸秆的覆盖减少了秸秆与土壤的接触面积，进而降低了秸秆腐解速率，加之，保护性耕作降低了土壤扰动，从而减少了温室气体的排放量。此外，耕作措施的不同，机具的使用和用于农场机具的生产、运输和维修的能量消耗均不相同，CO_2的释放量也不相同。保护性耕作在减少能源消耗的同时可以大量减少机器的磨损，从而降低系统净排放量，有利于固碳减排。目前，不少欧美国家已经开始利用农田碳排放的多少作为碳补贴依据，美国已有农民利用保护性耕作措施减少碳排放，然后通过碳贸易所进行交易。

除了固碳减排外，保护性农业还有改善土壤环境等一系列的生态经济作用：

（1）保土作用。保护性耕作减少土壤翻动的同时增加了地表覆盖，可

以有效地防止土壤侵蚀，减少水土流失。免耕可大大减少土壤侵蚀，而地表覆盖秸秆或作物残茬，增加了地表蓄水能力，减少了雨水在地表的流动，不仅减少了雨水对土壤的侵蚀，而且增加了雨水向土体的入渗，补充地下水。保护性耕作对减少多风地区风蚀作用效果明显，保护耕地，净化空气。保护性耕作能有效减少地表径流，保持水土，减少田间大风扬尘。

（2）培肥作用。保护性耕作减少了对土壤的翻动，可以保持和改善土壤结构。免耕土壤的孔隙分布较合理，在全生育期内都能保持稳定的土壤孔隙度，且土壤同一孔隙孔径变化小，连续性强，有利于土壤上下层水流运动和气体交换。免耕可以改善土壤化学症状，有利于有机碳的提高，同时可提高土壤表层的氮、磷、钾含量，但下层土壤变化不大。免耕还可增加土壤生物和微生物的活性，从而改善土壤结构，增加土壤有机质含量。

（3）节水作用。地表秸秆覆盖可以减少太阳对地面的辐射，降低地表温度，还可以阻挡水汽上升，土壤水分的蒸散大大减小。因此，保护性耕作可有效增加田间土壤含水率，减少灌溉量，从而达到节水的作用。

（4）增产作用。在干旱和半干旱地区，农业用水缺乏是限制农业发展的主要因素，保护性耕作能够有效提高田间土壤含水率，保护性耕作的培肥作用也有利于作物的生长。因此，合理、适宜的保护性耕作措施可以提高作物产量。

（5）增效作用。保护性耕作可以减少土壤耕作次数，有些作业一次完成，减少机械动力和燃油消耗成本，降低农民劳动强度，具有省工、省时、节约费用等特点。

截至2008年全球已有超过20个国家推广了大面积的保护性农业，受不同地区的气候环境和农业从事人员的知识水平的影响，保护性农业的发展严重失衡。美国、加拿大、澳大利亚、西班牙和法国等欧美发达国家在保护性农业的发展进程中占据了主导地位，保护性农业面积增长迅速。而保护性农业在拉美国家的推广耗费了很长的时间，经过20年的推广，如今，部分国家已经建立了保护性农业发展的技术知识体系，同时得到了农业决策者的支持。例如：巴西的部分州具有与保护性农业政策配套的政策；哥斯达黎加成立了专门的保护性农业部门来支持和发展本国的保护性农业的发展。

6.2.3 养分综合管理

植物养分综合管理（integrated plant nutrition system）是由联合国粮农组织（FAO）经过10年的实验研究于1995年首次提出。植物养分综合管理是指利用农业生态系统中自然和人工合成的养分资源，充分开发利用作物养分吸收潜力，合理施用有机肥、减少化肥投入，协调农业生态系统养分的投入与产出平衡，加强养分循环利用能力，提高养分资源的利用效率，最终实现生态效益、经济效益和社会效益的相互协调和统一。

目前，欧美等发达国家采用了经济、政策和法规等调控手段来落实养分综合管理。例如，欧盟涉及养分管理政策的法规包括共同农业政策（common agricultural policy）、硝酸盐管理（nitrates directive）、空气质量管理（air quality directive）、水质量综合管理办法（integrated program on water quality management）等，将牲畜密度、生产配额、养分平衡、养分投入量（包括化肥和有机肥）、施肥时间、氮素残留量等作为衡量指标，将农业和畜牧业作为一个整体，对养分环境风险进行分区管理。美国和加拿大也出台了类似的法规，国家和地区养分资源的立法管理已经成为了养分资源综合管理的主要方向。例如：欧盟为了协调各国在养分管理上的同步性和一致性，启动了欧洲国家养分管理法（Nutrient Management Legislation In European Countries），该项目制定了比较完善的养分管理制度，并实行严格的环境保护政策，制定了养分排放的先定标准，划定了硝酸盐脆弱地带并进行严格的监测和管理，还制定了严格的惩罚措施，结果表明，在肥料用量不增加的前提下，英国的小麦也获得了小幅的增产，虽然农机和人工等农业生产成本投入有所增加，农业经济效益并没有得到提高，但是综合考虑生态、环境和社会效益，该项目的效益值远大于项目实施前，该项目自1999年开始实施，历时4年，投入超过50万欧元，2003年结束。

不同国家的植物养分综合管理的方法和衡量指标不同。例如：英国根据不同作物不同耕地的养分需求对农民进行肥料施用量推荐，这样既保证了作物生长期的营养需求，又避免了化肥的浪费以及化肥流失到环境中造成环境污染。2008年10月英国环境、食品与农村事务部制定了相关政策，强制要求农民的化肥施用量不得超过栽培作物的需求。为指导农民管理养

分资源，英国环境、食品与农村事务部开发了一系列的工具，例如：作物化肥推荐手册、作物化肥推荐计算机系统和有机氮素推荐系统。对于完全按照作物需求量进行肥料施用和对养分资源进行有效管理的农户，政府将给予一定的奖励。荷兰则先后执行过两套管理体系，首先执行的是1998年执行的养分核算系统，该系统严格记录每个农民的农业养分投入和产出，如果养分剩余超过核算系统的规定，将需要交纳高额的税款，尽管数据显示荷兰地下水养分污染在20世纪末有所下降，但是由于其高昂的执行费用以及未达到欧盟的养分法案，该政策于2006年年初被迫废除。此后，荷兰开始执行欧盟的硝酸盐管理法案，并根据荷兰本国的农业特点，制定了详细的养分管理政策，并于2010年对政策进行了新的调整。

6.2.4 水资源管理与保护

农田土壤水分状况是土壤温室气体排放和碳循环过程的关键驱动因子之一，在一定的土壤水含量变化范围内，土壤水分与温室气体通量具有显著的相关性。在农田水分亏缺的情况下，灌溉量的增加促进了根系的呼吸以及微生物群落的活力，土壤呼吸得到增强，CO_2 排放量增加；随着灌溉量的持续增加，水分将充满土壤孔隙，此时的厌氧环境会抑制微生物群落的呼吸作用，土壤的 CO_2 排放量将变小。相关研究表明，灌溉频率越高，土壤呼吸越强，碳排放越多。土壤碳排放除了受灌溉量的影响外，不同灌溉方式也对土壤呼吸速率有一定的影响。张前兵对新疆棉田采用不同的灌溉方式后发现，滴灌条件下农田土壤碳排放大于漫灌。

对于温室气体，除了 CO_2 之外，还有氮氧化合物和甲烷等。不同的灌溉制度会显著影响土壤水分含量和氧气供应，因此对土壤产生氮氧化合物和甲烷的微生物活性产生重要的影响。对于 N_2O 气体，产生的主要途径是不完全的硝化作用和反硝化作用，硝化过程是将土壤中铵态氮肥或尿素转化为铵态氮，在硝化细菌的作用下氧化为硝酸，主要反应过程为：$NH_4^+ \rightarrow NH_2OH \rightarrow (NOH) \rightarrow NO_2^- \rightarrow NO_3^-$，当硝化反应不完全时，（NOH）和 NO_2^- 将转换为 N_2O。而反硝化作用则是一个还原硝态氮过程，土壤中的反硝化细菌在土壤缺氧时，把硝态氮还原成氮气或一氧化氮的过程，主要过程为：$NO_3^- \rightarrow NO_2^- \rightarrow NO \rightarrow N_2O \rightarrow N_2$，当反硝化作用反应不完全时，将产生 NO

和N_2O。对于微生物的硝化和反硝化作用而言，当氧气浓度高时，消化作用反应完全，主要产生硝化反应的最终产物NO^{3-}，基本不产生N_2O；当氧气浓度过低时，反硝化作用反应完全，主要产生反硝化作用的最终产物N_2，也不产生N_2O。因此，当土壤中的氧气浓度过高或过低时，均不利于微生物产生N_2O。对于大部分作物而言，在保证作物产量的前提下，适当减少灌溉频率，有利于减少N_2O的排放；但对于水稻等可以在水中生长的农作物，烤田会增加烤田和烤田后复水期间N_2O的排放，而长期淹水和无水虽能减少N_2O的排放，但对产量影响较大。因此水稻田减少N_2O排放的灌溉措施还需进一步深入研究。

通常大田中的有机质（如有机肥、还田秸秆等）都可以各类细菌组成食物链转化成产CH_4底物，这些底物由甲烷菌等微生物在严格的厌氧条件下活动而产生CH_4和CO_2。此外，相关研究表明，在土壤通气性良好的条件下，有利于CH_4氧化菌的生长，该细菌可氧化消耗大气中的CH_4，是除了大气光化学反应外陆地生态系统图最大的CH_4。因此，在保证作物产量的前提下，适当减少灌溉可有效减少CH_4的排放。水分管理被认为是目前减缓农田氮氧化合物和CH_4排放的重要措施。

6.3 国外作物生产节能减排政策

农业是与自然环境关系最密切的产业，一方面农业的发展离不开良好的生态环境和自然资源的支撑；另一方面，农业生产活动又对生态环境和自然资源形成影响，因此在作物生产中节能减排，维护生态平衡，实现资源持续利用和农业可持续发展是农业政策的一个基本目标。由于农业发展的水平不一样，发展中国家的政策与发达国家的作物生产节能减排政策在实施上有一定差距。对于发达国家来说，由于农业的生产力水平已相当高，一方面农产品的产量富余；另一方面，大量的投入物质对农业资源环境造成很大的破坏。因此其节能减排政策就强调"保护中发展"，即提倡低投入，不用或少用外部购买性资源（化肥、农药等），使用生物肥料；耕作制度优化，如少耕、免耕或休耕，以保持土壤肥力。而对于由"保护中发展"引起的农民收入下降，政府会进行相应的财政补贴以鼓励农民采取有利于

农业资源环境保护的方式进行农业生产。美国和欧盟在1990—2012年有效地控制了农业碳排放量，这与其完善的低碳农业政策体系有着密切联系。但是，各国采取的政策举措却依国情的不同而有差异，从而形成各具特色的农业发展模式。纵观当今世界各国农业发展情况，本章选取欧盟、美国、日本着重介绍国外作物生产节能减排政策。

6.3.1 欧盟作物生产节能减排政策

欧盟是当今世界环境保护领域的领先者，其环境保护政策渗入到各个产业领域，农业环境保护是欧盟环境保护的一个重要领域。欧盟强调农业环境保护是与其农业在环境保护中的重要性和环境因素在共同农业政策改革中的重要地位分不开的。WTO规则把农业补贴政策划分为3种类型：绿色补贴政策、蓝色补贴政策和黄色补贴政策。其中蓝色补贴和黄色补贴政策对农产品贸易价格产生扭曲作用需逐步削减甚至取消。欧盟原农产品价格支持补贴政策属黄色补贴，需要削减和禁止，为了既适应WTO规则的要求又不削弱对农业的支持，欧盟对原农产品价格支持补贴政策进行制度创新，实现了从价格补贴转向环保补贴。2003年6月，欧盟确定农业补贴与环境保护完全相挂钩，形成了以环境保护为核心的农业补贴政策体系。欧盟的农业生态补贴政策包括制定农业生态环境标准指标体系和构建确保农业生态环境标准指标体系实施的激励机制两方面。激励机制具体内容为：首先，设置奖励机制。补贴标准是以农民为农业生态建设的投入额度为参照系，农民为农业生态建设投入越多，其获得的补贴也就越多。其次，设立惩罚措施。农业生产经营者申请农业生态补贴项目时必须承诺预期成果和保证措施，若不能达到最低标准要求则不能获得全额的农业补贴甚至不能获得农业补贴。最后，设置评估监督机制。成员国每年对本国农业生态建设进行绩效评价并向欧盟监测委员会提交评估报告，欧盟监测委员会综合各成员国的评估报告形成欧盟农业生态建设绩效评估报告，通过农业生态建设绩效评估报告对欧盟农业生态建设进行动态监测和管理。政策的执行方面，各成员国在农业环境保护方面的做法存在一些差距。

6.3.1.1 法国作物生产节能减排政策

法国是共同农业政策的最大受益国，欧盟的资金是其农业财政支持的重要来源。2003年，法国农业的公共财政支持总额为288.3亿欧元，其中来自欧盟102.90亿欧元，占36%。为了获得这些补贴和强化农业的国际竞争力，在本国与欧盟环境政策的推动下，法国结合本国实际，制定了很多具体的农业环境保护方面的政策。

（1）在农业相对发达的地区，政府鼓励农民采用人工操作等粗放式生产方式，为了弥补采用这种原始的生产方式而引起的收入下降20%，政府鼓励农民开展多种经营活动，在投资和税收方面给予优惠。

（2）建立农业环保实验区和建立土地休耕制度，为了鼓励农民自愿实行农田休耕，对农民进行一定的补偿，并且这种补贴额度逐年增加。

（3）改进传统农业生产技术，保证农业持续发展。在种植业方面，主要是针对农药化肥的环境污染问题，明令禁止使用剧毒农药和减少化肥农药的用量外，同时对那些生产此类化学制品的厂商征收高额定期捐税。

（4）法国政府制定了"最小土壤覆盖物标准""作物轮作标准""禁止焚烧作物秸秆"等法令法规。"最小土壤覆盖物标准"规定，农场的耕作区域必须留出3%的面积来播种"环境覆盖物"，在这块土地上禁止使用化肥和农药；"作物轮作标准"规定，一个农场在同一年内必须最少种植3种不同的作物；如果不能达到这一要求，耕作区在冬季必须种植有覆盖物。

6.3.1.2　德国作物生产节能减排政策

生态农业在德国得到了大力的发展，在世界上处于领先地位。政府的农业部门为了促进生态农业生产的发展，提供了免费的咨询以及技术服务。并且对于申请生态农业的企业和个人在检查之后，政府会将数据存档并且发放国家补贴。与其他国家相比，德国的农业生态补偿具有以下特点：

一是农业生态补偿的实现大多是通过补贴形式，鼓励农民采取环境友好型的生产方式来达到保护生态环境的目的；二是农业生态补偿方式基本上是政府通过项目实施支付给农场主，这要求该项目具有一定的连续性，该项目如无其他原因，将会一直运作下去；三是农业生态补偿一般都与相应的环保措施挂钩，其生态补偿力度与周边的环境保护程度相关。

6.3.1.3　荷兰作物生产节能减排政策

早在1925年，荷兰就开始了"围海造田"，到1980年已开垦了4个

围区，使农地面积扩大了6%。围海造田堤坝长达2 400多km，有"上帝创造了海，荷兰人创造了岸"之说。造地的费用全部由政府承担，成地后出租给农民，租期一般为12年，针对一些农地因过度机械耕作和化肥、农药的过量使用所造成的土壤退化污染情况，政府把这些地分为"管理区"和"保留区"。管理区的土地由政府的土地管理局与当地土地所有者、使用者或自耕农订立4~6年的管理合同，按恢复和改造地力的技术要求实行强化管理；农民因此而造成的经济损失由国家给予适当补偿；对经过长期管理仍不能恢复地力的地区则列为保留区，由土管区与农民协商作价购买，再交由自然保护区管理所管理。

综上所述，欧盟的低碳农业政策体系是以欧盟共同农业政策为中心，其他具体农业环境法令共同协作的政策体系。经过20年的政策治理，欧盟农业减排取得明显效果，N_2O排放量较1990年下降了37%，N_2O利用率从30%提高到60%，CH_4下降了44.99%，农业碳排放量则下降了41.48%。农业土壤固碳管理使得每年土壤固碳达每公顷60~70t CO_2；新能源开发政策推行后可再生能源的使用量达到总能源的2/3，平均减少1.5亿t温室气体排放；通过农业补贴政策及农业咨询系统的培训，提高了农户普及环保意识。农民进行环保生产和清洁经营使过去遭受破坏的生态系统逐步恢复起来，增加生态系统对气候的调节能力。另外，以有机肥料替代无机化肥、用生物农药和机械除草替代化学农药和化学除草，增加土壤的有机质成分，土地肥力增加，农业生产能力提高。

6.3.2 日本作物生产节能减排政策

日本是一个典型的人口多，土地少，自然资源贫乏的发达国家。随着经济和科学技术的发展，日本在实现高投入、高产出的集约型农业生产模式的同时引发了环境污染、农产品安全等严重问题。20世纪70年代开始，日本相继出台了《土壤污染防止法》《农药取缔法》《资源有效利用促进法》等法律法规，倡导发展生态农业，使农业生产与环境保护相协调。以"充分发挥农业自身所具有的物质循环机能，并与生产率相协调。通过精心耕作，合理使用化肥及农药等措施，发展环境负荷量小的可持续型农业"为农业政策改革的新目标。

具体做法主要是对农业生态治理提供资助，一是农业改良资金中的环境保护型农业推进资金，对积极从事环保型农业导入的农户由都道府县贷放无息资金，贷款最高额度在都道府县规定额度的80％以内；二是农业生产综合对策事业中增进自然循环功能的事业项目。主要是进行资金补助，补助率分别在1/3、1/2、5.5/10以内。三是基于绿肥和堆肥的土壤改造的持续旱作农业项目，每年补助10亿日元，补助率为1/2，通过项目的建议促进了环保型农业的推广和普及，有效地保护环境和资源。此外，日本政府以环保型农户为载体，从政策、贷款、税收上给予支持，以提高环保型农户的经济效益和社会地位。日本确定环保型农户的标准是拥有耕地0.3hm^{2}以上，年收入50万日元以上。经农户申请，并附环保型农业生产实施方案，报农林水产行政主管部门核实审查后，报农林水产省审定。对合格的确定为环保型农户，银行可以提供额度不等的无息贷款。贷款时间最长可达12年。

通过连续多年实施节能减排政策，日本人对农业发展的价值观有了根本性的转变：由单纯地追求扩大规模和提高效率转变为重视农业自身的各种自然功能及物质循环功能。至此日本环境保全型农业的发展取得了很大的成果。

6.3.3 美国作物生产节能减排政策

美国是世界上农业最发达的国家，同其他发达国家一样，美国的农业生态环境同样存在着严重的问题。美国原本人口不多而资源丰富，但历史上对农业的主要资源水和土地等，采取了掠夺性的开发和利用，造成了对自然环境和人类生活的极大危害。第二次世界大战后，美国政府把合理利用农业资源、保护生态环境的问题提到很高的位置，如今美国农业环境保护政策已形成以农场为单位，以农业为载体，以环境收益最大化为导向的一项基本国策。美国现行农业环境保护政策体现在众多具体项目中，主要包括土地休耕项目和在耕地项目。土地休耕项目是农业环境保护的传统项目，1985—2002年其项目支出占美国农业部保护性支出的50％以上。但是2002年以后，联邦政府大幅增加了对在耕地项目的支出，显示出美国农业环境保护政策新的趋向。

（1）土壤保护耕作政策。一方面是土地休耕项目，实施面积消减计划。该计划要求参与计划的农民必须休耕15％以上的耕地，才能从政府取得休耕补贴和价格支持，政府的这种计划是自愿的，农民可以不接受生产限额控制，但不接受限额控制的农民不仅得不到休耕补贴，而且享受不到价格支持。另一方面是在耕地项目。近年来，政府和公众日益关注如何使现代化农业由于使用太多化石能源、化学肥料、药剂所带来的污染和破坏性减小到最低限度，在农业生产中严格限制了许多化学药品的使用，逐渐用天然肥料代替化学肥料，用生物技术防治病虫害等。对于发展旱区保护性耕作，政府每年都会下达保护性耕作计划（对一个地区的保护性耕作实施面积，如休闲面积、免耕面积每年有明确的规划和实施计划），并通过相应的政策性补贴如生产性贷款、灾年歉收补贴来落实计划。

（2）农业清洁能源政策。美国《能源独立及安全法案》（2007年）中提出发挥生物质沼气能源的作用，鼓励农村清洁能源的发展。《清洁能源及安全法案》（2009年）制订了可再生能源系统和能源效率的改进计划，与约25 000个美国农村小型企业、农民和牧场主合作签订了超过6 600个再生能源项目、84个厌氧消化池项目、超过380个风能项目，通过贷款担保和资助帮助农业生产者和农村小型企业购买可再生能源系统和提高能源效率，减少农业污染排放。

（3）农业碳交易政策。2003年，芝加哥气候交易所正式运营，允许农户运用碳排放者和碳抵消额提供者的双重身份自愿参与碳交易市场，与企业进行碳排放交易合作，通过免耕、草地保护、农业沼气3种方式来抵消企业碳排放额。2007年，美国环保协会和杜克大学共同颁布了全球第一部有关农业碳排放交易的核定标准，对农业碳排放交易进行规范。美国还鼓励非政府环保组织的设立和发展，对农业减排行动进行监督。

美国农业节能减排政策实施带来的效果是非常显著的。土壤保护耕作政策使得保护性耕作土地覆盖面积占总耕地面积80％以上，有效减少农田牧场土壤污染，提高土壤固碳和修复能力；制定的农业清洁能源政策，由农业部补贴农民在风动机、化粪池、太阳能热水系统等项目的成本，节能达660万桶石油，估计减少温室气体排放820万t；制定的碳交易市场化政策，到2007年全美参加认证交易的固碳土地已经达到90万英亩。

6.3.4《京都议定书》清洁发展机制（CDM）

为了协助发展中国家缔约方实现可持续发展和促进《联合国气候变化框架公约》最终目标的实现，并协助发达国家缔约方实现其量化限制和减少温室气体排放的承诺，清洁发展机制(CDM)作为一种用"资金＋技术"换取温室气体的"排放权"指标的交易机制出现了。具体来说，如果缔约的发展中国家某国的排放量低于条约规定的标准，则可将剩余的额度卖给不能完成规定减排义务的发达国家以冲抵后者的减排义务，同时发达国家向发展中国家提供资金和技术支持。CDM项目也可以应用于农业领域，但是在大多数国家，农业CDM项目的规模有限，根据《马拉喀什协议》定义，每年的直接单个的农户或农场经营者的减排量远不能达到国际碳交易的要求。排放量低于1.5万 t CO_2eq 的减排项目活动归入小规模类型Ⅲ的CDM项目中。因此，有必要将分散的农户单元整合为足够规模的小型农业CDM项目，以达到减排规模要求，实现与发达国家减排方的交易。因此，县、乡政府以及农业合作经济组织，应有意识地整合大量分散农户的小项目，形成规模，推动CDM小项目和联合项目的实施。虽然所有注册的CDM项目4.49％的被设计为有关农业，这些项目主要通过利用农业废弃物，来自作物的生物燃料和从粪便管理中来解决能源问题（生物能源）。

但目前许多在国外已经开展的成功案例表明，采用适当的方式进入市场并在其中获得与固碳减排相关的附加值以及一些其他的激励措施的采用，会使农村的生产者和农场主的生产方式产生较大的影响。在清洁发展机制的框架下，在撒哈拉以南的非洲开展的白合欢农林复合系统项目将会为当地农户带来明确的收益。白合欢树是撒哈拉以南非洲常见的一个树种，它有固氮能力，并且树叶在雨季折叠并在旱季展开，因此不会与粮食作物竞争光照、水分和营养。在农林复合系统中，与其靠近的玉米、花生等作物可以获得6％到100％增产。白合欢树可以增加地上和土壤的碳储量，并改善土壤的保水性和肥力。农户可以将木材在市场上出售，或参与到碳交易当中。而在莫桑比克的Nhambita社区开展的农林复合系统固碳项目也倡导农林复合系统，该项目开始于2003年，涉及生活在戈龙戈萨国家公园缓冲区的1 000个小农户。他们通过采用农林复合系统的做法实现固碳减排和减少毁林开荒引起的土地退化。他们种植林地，进行农林间作，或庭院种植果树，在2万hm²的土地上产生的固碳减排量相当于每年24 117tCO₂eq，农户因此可以得到每吨CO₂eq、每年4.5美元的碳费，相当于每公顷土地433~808美元。该项目通过土地利用方式的改善和农林复合系统可以实现可持续农村生计，也向国际社会展示了可证实的减排核算。

参考文献

龚燕飞，聂宏林，2014. 德国农业环境治理对中国农业环境保护的启示[J]. 世界农业(6):171-173.

井焕茹，井秀娟，2013. 日本环境保全型农业对我国农业可持续发展的启示[J]. 西北农林科技大学学报(社会科学版)(4):93-97.

乐波，2007. 法国的农业环境保护政策及其对中国的启示[J]. 华中农业大学学报(社会科学版)(5):44-47.

乐波，2007. 欧盟的农业环境保护政策[J]. 湖北社会科学(3):97-100.

李朝晖，俞冬兴，2006. 农林牧复合生态系统理论与实践[J]. 防护林科技，6: 80-81.

梁玉斯，蒋菊生，曹建华，2007. 农林复合生态系统研究综述[J]. 安徽农业科学，35(2): 567-569.

刘坚，2002. 当代世界农业面面观[M]. 北京: 中国农业出版社.

马燕合，郭日生，2009. 小规模清洁发展机制项目开发指南[M]. 北京: 科学出版社.

农业部赴法国农业税费与对农民补贴制度考察团，2004. 法国、欧盟农业补贴政策及对我国的几点启示[J]. 农村经营管理(11):45-47.

平晓燕，王铁梅，卢欣石，2013. 农林复合系统固碳潜力研究进展[J]. 植物生态学报，37 (1): 80-92.

屈宝香，2001. 中国农作物多样化发展综述[J]. 中国人口·资源与环境，11: 119-121.

孙宝鼎，刘佳，2013. 德国农业生态补偿及其对农业环境保护作用[J]. 世界农业(7):99-101.

孙芳，李云贤，2009. 现代农业经营模式国际发展趋势[J]. 农村经济,10: 33-37.

孙芳，张思光，2010. 资源节约型现代农牧业复合经营模式创新——以环京津农牧交错区为例[J]. 资源与产业，12(5): 164-168.

王广深, 侯石安, 2009. 欧盟农业生态补贴政策的经验及启示 [J]. 经济纵横 (5):109-111.

王海滨, 2000. 黄淮海平原农牧结合种植制度研究——吴桥农牧双发展种植模式探索与评价 [D]. 北京: 中国农业大学.

王秋杰, 张福锁, 1998. 农林牧复合生态经济系统在我国农业可持续发展中的地位与作用 [J]. 生态农业研究, 6(1): 52-56.

王世群, 何秀荣, 王成军, 2010. 农业环境保护:美国的经验与启示 [J]. 农村经济 (11):126-129.

解婷婷, 苏培玺, 周紫鹃, 等, 2014. 气候变化背景下农林复合系统碳汇功能研究进展 [J]. 应用生态学报, 25(10): 3039-3046.

姚彦芳, 2006. 国外的环境型农业 [M]. 北京: 中国社会出版社.

郑家明, 赵辉, 李传本, 等, 2007. 农牧结合促进辽西地区畜牧业经济发展 [J]. 辽宁农业科学 (1): 33-35.

庄小琴, 2000. 农业政策学 [M]. 北京: 气象出版社.

Albrecht A, Kandji S T, 2003. Carbon sequestration in tropical agroforestry systems. Agriculture, Ecosystems & Environment, 99: 15–27.

Andreas M A, Alfons W, Ken J, et al, 2006. Cost efficient rotation and tillage options to sequester carbon and mitigate GHG emissions from agriculture in Eastern Canada. Agriculture, Ecosystems and Environment, 117(2-3): 119-127.

Bruckmeier K, 2014. Policy influences on agricultural and livestock systems in different regions of the EU: The example of the Common Agricultural Policy (CAP) reform's agri-environmental measures [EB/OL]. [11/12]. http://www.macaulay.ac.uk/elpen/pdf/bruckmeier.pdf.

FAO, 2010. An international consultation on integrated crop-livestock systems for development, The Way Forward for Sustainable Production Intensification (available at http://www.fao.org/docrep/015/i2575e/i2575e00.pdf).

FAO, 2010. An international consultation on integrated crop-livestock systems for development, the way forward for sustainable production intensification. Integrated Crop Management. Vol. 13. Rome.

FAO, 2011. Climate-Smart Agriculture: A Synthesis of Empirical Evidence of Food Security and Mitigation Benefits from Improved Cropland Management. (available at http://www.fao.org/docrep/015/i2574e/i2574e00.pdf) .

FAO, 2011. Climate-Smart Agriculture: Smallholder Adoption and Implications for Climate Change Adaptation and Mitigation. (available at http://www.fao.org/docrep/015/i2575e/i2575e00.pdf).

Gan Y T, Liang C, Chai Q, et al, 2014. Improving farming practices reduces the carbon footprint of spring wheat production. Nature Communications, DOI:10.1038/NCOMMS6012.

Gordon A M, Jose S, 2008. Applying ecological knowledge to agroforestry design: a synthesis. In: Jose S, Gordon AM eds[J]. Toward Agroforestry Design. Springer, Dordrecht, The Netherlands: 301–306.

Ibrahim M, Villanueva C, Mora J, 2005. Traditional and improved silvopastoral systems and their importance in sustainability of livestock farms. In: Mosquera MR, Riguerio A, McAdam J eds. Silvopastoralism and Sustainable Land Management. CAB International, Wallingford, UK: 13–18.

IPCC. Climate change 2014: Mitigation of climate change. Contribution of working group Ⅲ to the fifth assessment report of the intergovernmental panel on climate change. http://www.ipcc.ch/report/ar5/wg3/.

Lal R, 1997. Degradation and resilience of soils. Philosophic Transactions of the Royal Society of London, 352: 997-1010.

Lal R, 1997. Residue management, conservation tillage and soil restoration for mitigating greenhouse effect by CO_2-enrichment. Soil and Tillage Research, 43: 81-107.

Nair P K R, Kumar B M, Nair V D, 2009. Agroforestry as a strategy for carbon sequestration. Journal of Plant Nutrition and Soil Science, 172: 10-23.

Nair P K R, 2011. Agroforestry systems and environmental quality: introduction. Journal of Environmental Quality, 40: 784–790.

Nair P K R, 2011. Methodological challenges in estimating carbon sequestration potential of agroforestry systems. In: Kumar B M, Nair P K R eds. Carbon Sequestration Potential of Agroforestry Systems. Springer, Dordrecht, The Netherlands, 3–16.

Pandey D N, 2002. Carbon sequestration in agroforestry systems. Climate Policy, 2: 367–377.

Udawatta R P, Jose S, 2012. Agroforestry strategies to sequester carbon in temperate North America. Agroforestry Systems, 86, 225–242.

Udawatta R P, Jose S, 2011. Carbon sequestration potential of agroforestry practices in temperate North America. In: Kumar B M, Nair P K R eds. Carbon Sequestration Potential of Agroforestry Systems. Springer, Dordrecht, The Netherlands: 17–42.

UNFCCC, 2008. Challenges and opportunities for mitigation in the agricultural sector, in Technical paper [M/OL]. http://unfccc.int/resource/docs/2008/tp/08.pdf.

第七章
我国粮食作物高产低碳的政策建议

7.1 加强节能减排理论研究

7.1.1 节能减排理论研究进展

随着农业的不断发展，农业生产中的能源消费逐渐升高，但因农业相关技术和设备以及政策法规尚不完善，导致了能源利用效率低，污染物排放量增大，农业节能减排任务越来越艰巨。然而，农业的节能减排意义重大，加强农业的节能减排，切实促进农业高效、节约和清洁生产，大力发展低碳农业，既能大幅度提高农业投入品的利用效率，促进农业节本增效，又能减少农业污染，保护生态环境，是一项转变农业发展方式、加快发展现代农业的重要举措（朱立志，2007）。

7.1.1.1 农业固碳与节碳

植物通过光合作用，可以将空气中的二氧化碳转化为碳水化合物和氧气。大力发展农业和植树造林，不仅提高了生态系统中的碳吸收和碳固定能力，而且降低了大气中的温室气体浓度，减缓了全球变暖趋势，这已经是科学界目前所公认的固碳成本最低且副作用最少的方法。其中，农作物的固碳效果也比较显著。理论上讲，农田光合利用率应可以实现5%左右，但实际上我国种植业的平均光能利用率仅为1%左右。农作物的光合效率不高，其固碳效应自然就会受影响。因此发展低碳农业，就是要充分利用土地、光照、时间、空气、积温、水等农业资源条件，最大限度地转换光能和同化二氧化碳，从而增加农产品的产出。从固碳机理上来讲，一是可以大力发展立体农业，拓展生物生长空间，尽可能地提高植物的光合效率和植物的吸碳、固碳能力，提高产出效益。二是大力发展水旱轮作和旱粮间套作，提高复种指数和土地利用率，减少闲田面积，增加吸碳、固碳能力。三是发展塑料大棚、农膜灌溉、无土栽培等设施农业，尽可能地利用积温、水分、光能条件，来提高植物光合效率，增加农田系统的综合吸碳、固碳能力。四是品种改良，改良和推广高能力吸碳品种，增强农作物的吸碳、固碳能力。有研究表明，通过选择合适的水稻品种可以实现减少甲烷排放20%～30%（谢培秀等，2013）。

7.1.1.2 农业碳释放

低碳农业可以通过延长产业链、食物链或者物质循环链的方式，将碳的快速释放变为缓慢释放，将大量释放转变为少量释放，减缓固态碳转变为气态碳的速率，延迟其转变时间。我国每年农作物秸秆产量7亿t，目前在农村大多数秸秆被大量焚烧，使得70%以上的纤维素、木质素得不到利用，释放出的有害气体严重污染大气，同时加重了土壤有机碳的分解损失。然而，实施秸秆还田之后则可避免因秸秆焚烧过程中产生的二氧化碳直接排放，现阶段比较科学的农作物秸秆的资源化利用方式主要有直接粉碎还田、堆沤肥还田、秸秆饲用或过腹还田、沼气利用及秸秆发电。其中，最直接的方式是将农作物秸秆粉碎后直接还田，有研究表明，如果按每亩耕地还田秸秆5 000kg计算，则可增加有机质75kg，用于改良土壤养分。

改革耕作制度可以起到减缓延迟碳排放的作用，因为土壤圈是碳素的重要储存库和转化器，耕层土壤有巨大的固碳潜力。减少土壤中的二氧化碳排放量是防止气候变暖的重要农业应对措施，但是过度耕作和大量施用化肥则加速了农田土壤中有机碳的矿化，进而向大气中排放大量的二氧化碳和甲烷等温室气体。据统计，全球每天因耕作损失的碳约有8亿t，改变传统的犁翻方式，采用少免耕等保护性耕作措施，既有利于土壤的固碳，增加土壤有机质，减少甲烷气体的排放，还可以减少农机的使用，直接减少化石燃料的消费，起到固碳减排的作用。

7.1.1.3 低碳投入

现阶段农业生产中，大量使用化肥、农药、除草剂、抗生素、激素、

添加剂等农用化学品，当化肥进入土壤之后，相当一部分以有机氮或无机氮形态的硝酸盐进入土壤，在反硝化菌的作用下被还原成亚硝酸盐，同时转化生成氧化亚氮和氮氧化物进入大气。另一方面，大量施用化肥改变了土壤碳氮比，加速了土壤有机质分解，导致碳素排放增加，因此发展低碳农业，通过减少和替代农用化学品的使用，有效减少农业碳投入，降低农田温室气体排放，同时还可以通过施肥管理，节水灌溉，创新农业机械节能技术来达到节能减排和增效减排的目的。目前在生产上，很多地区通过使用缓释肥、长效氮肥、硝化抑制剂等产品以及推广测土配方施肥、精准施肥等科学的施肥管理来减少无机化学品产生的碳排放。

7.1.2 节能减排理论研究方向

实现农业的节能减排，大力发展低碳农业，需结合资源利用、作物生产与消费，从碳吸收、转化和排放等过程来进行进一步的研究。

（1）资源高效利用。提高资源的利用效率，合理减少物质能量的投入，最大限度地减少废物排放，保护环境、提升生态功能。推广配方施肥、测土施肥、精准施肥等方法，在提高化肥利用效率的基础上，减少其使用量，达到减量化的目的。

（2）资源综合利用。扩大资源的综合利用，使农业生产从数量型的物质增长转变为质量型的服务增长，提供高质量的农产品、高层次的生态与社会服务。例如，综合利用秸秆和畜禽粪便，促进资源的循环利用，探索清洁农业生产，推进现代农业的发展。

（3）产销有机结合。将粮食作物的生产和消费有机结合起来：一方面加快农业主体生产经营理念的转变，从源头上实现资源投入的减量化、无害化；另一方面使农民树立科学的消费观念，形成农村绿色消费氛围，提倡健康文明、节约资源的生活消费和生产消费方式。

（4）农营方式创新。加强农业节能减排支撑点的培育，打造新的经济增长点。在大力发展绿色、有机、无公害原料加工企业的基础上，促进农业部门物质与能量循环链条的延伸和产业联系，拓展农业产业化的经营空间，实现农业增长方式的创新。

7.2 加快节能减排技术模式集成示范

诸多学者在农业节能减排方面进行了大量的研究，然而多数为单一技术的突破和应用，针对生产中存在地域差异、作物生态适应性等问题，仍存在很多限制因素，因此需要因地制宜，优化各项单一技术进行集成，形成区域化的节能减排模式，并进行大面积推广，以点带面，推动农业节能减排技术发展。在此，以稻田为例，我们对稻田节能减排的关键技术与主体模式进行了总结（谭淑豪等，2009）：

（1）稻田保护性耕作技术。稻田保护性耕作以少免耕、秸秆覆盖还田为技术核心，主要通过直接减少作业环节和化学物质投入实现节能减排的目标。稻田少免耕就是利用免耕或播种带旋耕的方式对土壤进行前期整理，并采用抛秧、直播等方式完成种植。为了不影响下季作物生长，稻田秸秆还田往往采取立茬覆盖和翻埋相结合的方式进行。保护性耕作的直接性和间接性节能减排潜力非常大，通常稻田免耕播种移栽可以节省50%以上的直接能源消耗；条带旋耕可以减少30%以上的直接能源消耗。少免耕的减排效应，除了农机作业环节及次数减少而产生的尾气直接减排效应外，主要是间接减排。少免耕由于减少了对土壤的扰动，可以促进土壤有机碳积累，从而间接减少了土壤碳排放。秸秆还田可以显著提高土壤肥力，减少化肥投入，进而间接节省了生产这些化学肥料的能源消耗。而且秸秆还田可以促进土壤氮素保持，直接减少30%以上的N_2O的排放量。在秸秆还田措施下，尽管CO_2和CH_4排放量有所增加，但同时显著提高土壤有机碳含量，起到了间接减排效应。在江淮稻麦两熟区，连续5年秸秆全量还田，土壤有机碳提高15%以上（Rui et al.，2010），碳的间接减排效应显著。

（2）稻田浸润灌溉技术。浸润灌溉技术主要是在水稻苗期保存浅水层，促进水稻活棵和分蘖发生；分蘖盛期和拔节期田面排水烤田，控制无效分蘖，提高生长效率；穗分化和孕穗期保持浅水层，促进穗发育；灌浆期进行干湿交替，保持土壤湿润，提高根系活力，促进物质转运和籽粒充实。浸润灌溉技术已经在中国稻区得到了普遍应用，并出现了旱直播浸润灌溉新技术，进一步缩短了稻田淹水时期。稻田浸润灌溉技术减少了稻田

灌水次数，尤其是在水旱轮作和东北单季稻等灌溉稻作区，稻田用水量减少，直接降低了灌溉的能耗。而且，浸润灌溉可以减少40％以上的CH_4排放，直接减排效应显著。自20世纪80年代推广应用浸润灌溉技术以来，中国稻田CH_4年排放量由80年代初的850万t，下降到目前的510万t（Qiu，2009）。

尽管CH_4排放的减少可能导致CO_2排放的增加，但1份CH_4的增温效应相当于25份CO_2的效应，因此浸润灌溉技术的全球增温潜势降低效应非常突出。冬春季稻田淹水下CH_4的排放量是干旱处理的5倍以上，冬春季稻田排水可以减少20％以上的CH_4排放（徐华等，2000）。另外，浸润灌溉下稻田排水，尤其是前期强降雨下稻田径流显著减少，由此产生的土壤养分流失明显下降。虽然浸润灌溉技术，尤其是干湿交替灌溉及烤田技术能显著提高稻田N_2O的排放，但由于稻田控水时期往往是作物生长旺期，土壤氮素含量较低，因此N_2O排放的增幅较小，对GWP的总体影响不显著。尤其是秸秆还田时，土壤微生物在分解秸秆过程中能吸收并固定大量的土壤氮，从而进一步减少N_2O的排放。

（3）稻田精确施肥技术及其节能减排效应。稻田精确施肥技术是在针对不同土壤类型和基础肥力的基础上，根据作物对养分的需求，进行以氮、磷、钾三大营养元素为主体的养分配比定量，并通过机械化作业完成化肥的精确定位深施。而且，随着新型的控释肥料研制，稻田化肥施用开始示范推广一次性深施技术。在水稻播种或移栽的时候，一次性将肥料施入稻田耕层土壤，在满足水稻全生育期养分需求的同时，减少养分损失。国家测土配方施肥示范推广结果表明（张成玉等，2009），目前正在大面积推广示范的以测土配方、精确定位和控释肥等集成的精确施肥技术，不但能使肥料利用效率平均提高3.6％，而且水稻产量也提高700～900kg/hm^2，同时还减轻稻田对周边水域的污染。以江苏稻麦两熟区为例，精确施肥技术使每公顷平均纯氮用量比习惯施肥减少52.5kg，节约肥料支出225元以上，全省节肥增效2.8亿元，社会效益和经济效益显著。在同等产量水平下，稻田精确施肥技术可以大大减少化肥的投入，因而间接地节约了生产这些化肥的能源投入，间接节能效果明显。在减排方面，由于化肥尤其是氮肥利用效率的提高，可以直接减少30％以上的N_2O排放。另外，由于同等产量水平下化肥施用量的明显减少，进而间接地减少了因生产这部分化肥过程中所排放的温室气体。

（4）稻田节能减排的主体模式。保护性耕作、浸润灌溉和精确施肥是稻作节能减排的三大关键技术，通过系统集成，可以形成适宜一熟区、水旱轮作区和双季稻区应用的三大节能减排稻作模式。

① 一熟区的节能减排稻作模式。该模式主要适宜在以东北为代表的一年一熟稻作区推广应用，节能减排的关键环节在于稻田前期土壤整理、水稻栽插方式和秸秆处理等方面。可以考虑以秸秆留茬覆盖还田、少耕抛秧/机插、化肥高效一次性深施、浸润灌溉等为核心技术，适宜区域可考虑旱直播，进行全生育期的系统集成优化。水稻抛秧、移栽或直播前进行旱整地、化肥深施、开沟等一次性作业，抛秧或移栽时保持浅水层促进水稻分蘖，水稻生长期保持浸润灌溉，提高土壤温度，够苗期烤田控水，穗分化及孕穗期浅水层促进幼穗发育，灌浆成熟期浸润灌溉促进籽粒充实，收获期进行秸秆留高茬覆盖还田。

② 水旱轮作区的节能减排稻作模式。该模式主要针对以江淮平原为代表的水稻–旱作物一年两熟稻作区的生产特点，进行稻作和旱作的周年节能减排的系统集成。稻作季在旱作物秸秆高留茬和粉碎覆盖还田的基础上，进行条带旋耕、旱直播、深施肥、化学除草等一次性作业，之后开好田间灌排水丰产沟。播种后采用浸润灌溉，促进种子发芽出苗分蘖。够苗期进行控水，防止无效生长和分蘖。幼穗分化和孕穗期起，进行浸润灌溉。旱作季（小麦、油菜）在水稻秸秆高留茬和粉碎覆盖还田的基础上，在水稻行间进行条带旋耕/免耕播种，实现稻草的立茬覆盖。肥料一次性深施、化学除草和开好灌排沟后，按常规高产栽培进行田间管理。水旱轮作稻作区的节能减排模式是中国稻田节能减排的主体，在降低能耗、减少温室气体排放方面的潜力非常巨大。

③ 双季稻区的节能减排稻作模式。该模式主要针对以江南丘陵和湖泊为代表的双季稻、多熟稻作区的生产特点，进行周年节能减排的系统集成。早稻的田间管理模式类似水旱轮作区的管理模式，晚稻在早稻秸秆高留茬和粉碎覆盖还田的基础上，进行抛秧/机插秧和化肥一次性深施，清理好田间灌排水沟，进行化学除草。分蘖期保持满沟水，进行浸润灌溉，够苗后

控水促根。自孕穗期开始进行浸润灌溉，促进籽粒充实高产。晚稻收获后，秸秆高留茬和粉碎覆盖还田结合，免耕直播油菜或冬闲，清理好排水沟。双季稻区节能减排模式的关键是水分管理以及如何在秸秆还田下抢时播种/栽插，实现作物丰产、稳产。

7.3 建立节能减排生态补偿机制

7.3.1 农业生态补偿的概述

（1）农业生态补偿的概念与内涵。生态补偿概念起源于生态学理论，专指自然生态补偿的范畴。由于研究视角的差异和生态补偿本身的复杂性，至今为止，国内外对生态补偿的定义仍没有统一的认识。1991年出版的《环境科学大辞典》中曾将自然生态补偿（natural ecological compensation）定义为"生物有机体、种群、群落或生态系统受到干扰时，所表现出来的缓和干扰、调节自身状态使生存得以维持的能力，或者可以看作生态负荷的还原能力"。然而，随着社会经济的快速发展，人类生产生活对于生态系统所产生的影响已经远远超出了自然生态系统自身的还原能力，从自然生态角度出发的生态补偿的概念已难以维系。20世纪90年代，生态补偿被引入社会经济领域，人们开始从社会经济领域思考生态系统功能恢复问题，将生态补偿概念拓展为一种资源环境保护的经济政策手段和制度安排。狭义来看，生态补偿是指对人类行为产生的生态环境正外部性所给予的补偿；广义来看，生态补偿是对生态服务的付费、交易、奖励或赔偿的综合体。

国内的生态补偿理论是在对森林生态效益补偿和矿区恢复等实践探索中逐步演化并发展起来。20世纪90年代前，生态补偿通常是生态赔偿的代名词，主要观点是从利用资源所得到的经济收益中提取一部分资金，以物质和能量的方式归还生态系统，以维持生态系统的物质、能量、输入、输出的动态平衡。其目的在于提供一种减少生态环境损害的经济刺激手段，从而遏制资源消耗型经济增长，提高资源利用效率，同时合理保护生态环境，兼为生态环境治理筹集资金。90年代中后期，随着生态建设实践的需求和经济发展的需要，生态补偿的内涵进一步拓展，由单纯针对生态环境破坏者的收费拓展到对生态环境的保护者进行补偿，同时更加重视地区间发展机会的公平性以及由于生态建设而导致个体和单位失去发展机会的公平性。

对于农业生态补偿的概念，我国学者有两种不同的解读思路：一是关于农业生态的补偿；二是关于农业的生态补偿。前者认为凡是有利于保护和维护农业生态环境的行为或者为保护和维护农业生态环境做出牺牲的行为人都应当列入补偿的范围，这个范围实际上已经超出农业本身。而实际上的农业生态补偿政策的作用点则重在发挥农业的生态功能，促进农业本身的发展，所以目前大多数定义倾向于后者。

（2）我国农业生态补偿的特点。我国的农业生态补偿是在借鉴国外经验的基础上，结合中国国情提出并完善起来的。它是一种运用财政、税费、市场等经济手段激励农民维持、保护农业生态系统服务功能，调节农业生态保护者、受益者和破坏者之间的利益关系，以内化农业生产活动产生的外部成本，保障农业可持续发展的制度安排。目前，我国农业生态补偿有如下特点：

补偿目标的多重性。我国生态农业的发展目标是以促进人与自然和谐发展为基础，协调发展与环境之间、资源利用与保护之间的矛盾，通过资源的循环高效利用，实现经济、社会、生态三大效益的协调统一。对于农业生态补偿而言，其目标就是通过对退耕还林、保护性耕作、减少农用化学投入品的使用、发展复合生态系统模式、废弃物多级综合利用模式等环境保护型农业生产方式的补贴，减少环境污染和生态破坏。然而，有利于环境的生产方式可能抑制产量的提高。因此，生态农业补偿制度的建立，必须同时考虑环境保护与农业生产力提高两个目标的统一，兼顾农村生产生活方式转变、农村劳动力转移、发展农村经济等多重目标。

补偿主体的政府倾向性。在生态农业补偿机制中，政府作为补偿的主体，原因有二：一是农业生产有很强的外部性，环保型的农业生产方式会产生良好的生态环境效益；而农业生态环境效用的不可分割性使其具有公共产品的属性，决定了政府作为补偿主体的必然性和重要性。二是农业具有弱质性和基础性，需要国家相关政策保护。引导农业生产者采取环境友好型的生产方式和进行生态环境建设，既可以产生生态效益又可保障食品安全，但是成本尤其是人工成本较高，需要政府的资金扶持和技术支持。

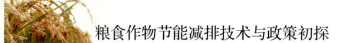

补偿客体的形式多样性。对补偿客体而言，凡是减少农业生态环境的破坏行为和实施农业生态环境保护措施的广大农民及发展受到限制的地区都可以是补偿客体，它可以是生态环境建设者、实施生态农业生产的农户、水源区及自然保护区为保护当地生态环境而发展权受到限制的地区及农牧民等。总之，从中国生态农业发展的角度考虑，补偿的客体包括为保护全国或地区生态环境而采取环保措施的地方政府、农业相关的企业和直接参与生态农业的农民。

补偿范围的特定性。生态补偿的范围限于次生环境问题，也就是人类活动所引起的生态与环境问题。次生环境问题的范围也是相当广泛的，除了对已破坏的生态环境恢复进行补偿之外，还包括对未破坏的生态环境所做的防患于未然的费用支出以及为此而丧失发展的机会成本。农业生态补偿作为生态补偿的一种具体形式，其补偿范围具有特定性，主要是针对于农业生态建设和农业生产领域内与环境保护有关的行为进行一定方式的补偿。

补偿模式的多样性。由于补偿对象的多重性，决定了补偿模式的多样性，目前我国生态农业补偿模式主要是以政府为主体的直接公共支付和基于市场的补偿支付。直接公共支付主要有财政转移支付、专项资金和农业生态补偿基金等；市场补偿模式主要有一对一交易、市场贸易和生态产品认证（生态标签）等。

（3）实施生态农业补偿政策的必要性。从20世纪90年代初我国就已经开始从农业环境污染和生态破坏补偿以及农业自然资源补偿3个角度来探讨农业生态补偿这个问题，但实际上它真正受到关注却是近几年的事情。从政策背景看，这主要考虑到两方面的因素：一是实施农业生态补偿是出于解决当前我国农业生产面临的突出矛盾的需要；二是实施农业生态补偿意味着我国传统农业政策向生态化的转型。

首先，实施农业生态补偿有利于解决我国农业生产面临的持续高产、稳产和增产与资源高效利用、环境保护之间的矛盾，促进农业的可持续发展。作为拥有13亿人口的农业大国，解决粮食问题始终是我国农业生产面临的首要任务，因此一直以来将高产、稳产和增产作为农业发展的优先战略。然而，从近年来的农业生产实践来看，这种战略虽然提高了粮食产量，在一定程度上保障了国家粮食安全，但其负面影响也日渐突出。由于过度地使用农药、化肥，不仅造成了资源的浪费，而且引发农业面源污染加剧，使土壤有害养分增加，使得农产品安全受到威胁。除此之外，传统农业造成多数地区出现土壤板结、土地生产力下降，水资源短缺等问题，土地的产出量受到严重影响，使得这种依靠大量资源消耗，忽视环境保护的农业发展模式难以为继。生态农业是一种把农业生产、农村经济发展、生态环境保护与资源有效利用融为一体的农业形态。从这个角度讲，实施生态补偿，引导和鼓励人们关注生态保护，不仅有利于农业的可持续发展，同时也为农产品的安全和质量控制提供了重要的前提。

其次，实施农业生态补偿有利于协调国家农业可持续发展战略与农民经济利益之间的矛盾。长期以来，由于观念和政策引导的失误，我国在农业生产中采用了非持续的发展方式，从而导致农业生态系统的退化和破坏，引发了一系列的生态环境安全问题。在此背景下，通过建立和完善农业生态补偿制度，使生产者除了从传统的农产品获益之外，还从对农业所产生的环境效益方面获得补偿，这无疑为农民通过发展生态环保型农业增加收入提供了动力和更大的可能性，从而能够起到平衡农业可持续发展和农民经济利益的重要作用。

再次，实施农业生态补偿有利于修正我国长期以来对农业重产出、轻环境保护的政策缺陷，促进农业政策从支持传统农业向支持生态环保型农业的转变。随着农业和农村问题的日渐突出，国家加大了对农业和农村的扶持力度。目前，我国对农业的补贴主要包括粮食直补、农资综合补贴、良种补贴、农机具购置补贴等。然而，缺乏对农业生态环境保护的政策导向，而且其中的农资综合补贴本身即是考虑到化肥、农药等农业生产资料的涨价因素，为降低农民生产成本而设置的一种补贴形式，它在一定程度上会激励农民增加农业生产资料的投入，加之我国这方面缺乏必要的控制手段，造成了实践中化肥、农药的过度使用，不仅浪费资源，也直接威胁到农业生态环境健康。从这个意义上讲，通过引入农业生态补偿机制，强化农业支持政策中保护生态环境的政策导向，有利于促进我国农业支持政策向生态化转型。如今，将农业生态补偿作为农业补贴的一种重要形式而纳入农业补贴体系，加大对农业的生态补偿力

度已成为发达国家普遍采取的做法，也是在当今经济全球化背景之下国家农业支持政策发展的重要趋势。

7.3.2 农业生态补偿政策体系的构建

（1）构建农业生态补偿政策体系的基本思路。农业生产由常规模式转向资源节约、环境友好型模式。目前我国粮食作物生产仍然是"高投入、高消耗、高污染、低效益"的粗放式常规发展模式，它带来农业增产的同时也带来了一系列的资源环境问题：大量的化石资源消耗、土壤退化、环境污染、食品安全无法保证等，对我国粮食安全和农业可持续发展构成巨大威胁，因而迫切需要寻求新的生产模式。资源节约、环境友好型模式就是一种以提高资源利用效率，降低污染排放和生态损耗强度为核心，以节约资源和有效保护、改善环境为主要内容，以最少的资源消耗和环境代价获取最大的经济利益和社会效益的可持续发展模式。

通过生态补偿政策引导，推进农业生产方式和区域经济发展方式的转变。传统农业生产方式是"高投入、高产出、高废物"的粗放生产模式。农业要实现可持续发展，必须走循环生产模式。建立"农业资源农业产品农业废物再利用"的循环机制，实现经济发展与生态平衡的协调，实现农业生产的"两低一高"，即资源消耗低、废弃物排放低、物质能量利用高。调整产业结构，大力发展区域循环经济，建立农业生态与经济协调发展的互动机制，走生态环保型的农业发展道路，促进区域农业增长由传统方式向现代化方式的转变。

推动构建区域、政府、企业、农民等相关利益者协调机制。发展生态农业，达到节能减排的目的，需要区域、政府、企业、农民等相关利益者共同参与，在界定生态效益的提供者和受益者范围的基础上，建立"利益相关者补偿"机制，即生态服务功能受益者向生态服务功能提供者付费的行为。付费的主体可以是政府，也可以是区域或者企业。

（2）构建农业生态补偿政策体系基本框架。农业生态补偿政策体系的框架是指农业生态补偿机制得以正常运行的相关构成因素，主要包括补偿主体、补偿客体、补偿标准和补偿方式等问题。构建农业生态补偿政策的基本框架，是农业生态补偿政策得以顺利实施的根本保障。

补偿主体。根据"受益者补偿"的原则，生态补偿的主体理论上是生态环境建设和保护的受益者。按照可操作性原则农业生态补偿的主体应该包括：作为全民利益代表承担生态环境保护和建设职责的政府部门；依照规定或约定对生态环境建设和保护提供资助和援助的社会组织；因环境保护而获益的农业生产者自身。其中，政府是最主要的补偿主体；各类企业组织、个体经营者和非营利组织是补偿主体的重要组成部分；农业生产者是补偿主体的有力增长点。

补偿客体。生态补偿的客体又称为补偿对象，是相对于补偿主体而言的，是指因向社会提供生态服务或产品、使用生态农业技术、从事生态环境建设或保护而使收入受到不利影响、经济发展受到限制，依照法律规定或合同约定应当得到补偿的地区、社会组织和个人。在粮食作物生产过程中，凡是为达到节能减排目的而使经济利益受到损失的广大农民及发展受到限制的地区都可以是补偿客体。

补偿标准。补偿标准的确定是农业生态补偿政策体系构建的核心和难点，它直接关系到农业生态补偿的科学性、可行性和实施效果。目前有多种核算补偿标准的方法。其中，按照直接投入与机会成本之和核算出的补偿标准常作为生态补偿的最低标准；按照生态服务功能计算出的补偿标准常作为补偿的参考和理论上限值。补偿标准的理论上限和下限确定以后，还要考虑补偿主体与补偿客体的支付能力和参与意愿，因为这直接影响到生态补偿能否顺利进行。依据农户放弃一定程度化肥、农药等化学物质的施用所带来的损失，测算出农户对农田生态环境补偿的支付意愿及额度，可将其作为确定生态补偿标准的一个参考。

补偿方式。生态补偿的方式有着不同类别的划分。中国生态补偿与政策研究课题组认为生态补偿根据补偿途径可分为资金补偿、实物补偿、政策补偿和智力补偿。其中，资金补偿是最直接、最常见的补偿方式。对于生态补偿的支付方式，国际上根据实施主体和运作机制划分为两大类：一类是政府购买，其形式主要有财政转移支付、专项资金、生态农业补偿基金等；另一类则较多地运用市场手段，如市场贸易、一对一交易和生态标签等。尽可能采取丰富多彩的补偿方式，才能使各种差异化、个性化补偿的供给与需求在高水平上保持动态平衡。

（3）农业生态补偿的支持体系建设。农业生态补偿的支持体系是农业生态补偿机制得以有效运行的重要保证。健全生态补偿法律法规体系、构建政府和市场支持保障机制、完善生态补偿组织管理体系等是当前农业生态补偿支持体系建设的重点。

健全生态补偿法律法规体系。任何一项政策的制定和实施都离不开法律法规的保障。目前，我国已经颁布实施了一系列农业生态建设的法律法规、红头文件和政府报告等，但至今为止还没有专门的《农业生态补偿法》，已颁布的《中华人民共和国环境保护法》中也没有对生态补偿做出具体规定。现行的农业生态补偿相关规定缺乏可操作性，这些规定更多的是起到良好的政策导向作用，很少具有实践层面的指导作用。因此，建立和完善与农业生态补偿机制相关的法律法规体系，是构建农业生态补偿支持体系的重要环节。

构建政府和市场支持保障机制。与发达国家相比，我国政府财政用于农业生态补偿的比例低下，没有形成系统结构上的补偿机制。基于我国现行农业生态补偿财政支持的结构和水平，我国生态补偿财政支持保障机制建设要根据生态环境的动态变化进行积极调整，使资源能够被分配到最急需的生态补偿的主体和客体当中，实现农业生态补偿财政资源均等化。同时，充分发挥市场的作用，引导市场机制积极参与生态补偿，使生态资源资本化，使环境要素的价格真正反映出它们的稀缺程度。

完善生态补偿组织管理体系。政策的实施都需要健全的组织管理体系，健全的组织管理体系可以把管理成本控制在一定的限度内。农业生态补偿体系的基本框架包括补偿主体、补偿客体、补偿范围、补偿标准、补偿方式、补偿资金的融资方式等因素，通过建立健全组织管理体系，使这些因素构成的复杂网络很好地协调和运转，才使补偿金征收工作和补偿程序规范化，成本有效化，最终使生态农业补偿机制有效运行。

7.4 创新节能减排法规制度政策

完善的低碳农业政策体系对农业碳排放的减少和农业环境的改善起到重要的作用。与美国、欧盟等国外的低碳农业相比，我国无论在投入力度还是完善程度上都有不小的差距，因此我们可借鉴国外的低碳农业政策体系，结合我国的经济发展水平及社会政治背景，首先要加快"建立生态文明制度体制"向农业领域推行步伐，将节能减排的环保问题上升到国家层面，以保障粮食安全、满足人民生活生产需求、提高农民收入及农业生产效率，逐步减少农业生产资料消耗和污染的排放，有效地改善生态环境；其次，要制定合理的保护性耕作、规模化生产、粪污处理、氮肥管理、农业清洁能源建设等一系列完整的政策体系，同时，改革农业环保管理体制，建立统一的农业生态保护决策管理监督机构，划清环保部门和农业部门职能，建立相关部门协调机制，将农业减排指标列入地方政府考核中；再次，逐步改革农业减排补贴政策，增加绿箱政策范围，加大对普通农户的环保扶持力度，搞好农业环境恶化地区的节能减排基础设施建设；积极进行自愿性政策工具的尝试，建立农业生态补偿机制，运用市场手段进行农业碳交易试点；最后，加大配套政策扶持力度，在土地政策上适当延长农用土地承包期，促使农户及养殖户规范生产行为，进行保护性耕作或养殖；在农产品质量安全政策中将农产品产地、生产、加工、运输及销售等各环节的农业减排标准纳入到农产品可追溯体系中，继续推进国家层面的良好农业规范（GAP）认证；在资金技术人才优势雄厚、环境约束突出的都市积极进行低碳农业试点推广工作。

具体可从以下几方面进行农业节能减排法制政策的创新：

7.4.1 科学技术创新体系构建

（1）开展长期监测和网络式的技术开发研究，重点研究主要作物的测土配方施肥技术、养分资源综合管理技术，为科学施肥提供长期的技术支撑。

（2）将收集全国农作物施肥和肥料供应的数据列入农业统计内容，定期开展肥料区划和分区管理策略研究，为宏观决策提供依据。

（3）针对我国目前有机养分资源数量达到7 000多万t纯养分，超过了化肥生产量的状况，着重运用生物工程对这些有机养分资源进行处理，用产生的清洁肥料替代化学肥料。

（4）建立完善推广服务体系，在现有植保系统的基础上，补充能量，

加强经费投入，完善农药科学使用的技术推广服务体系，保证农药科学使用的到位率和普及率。

（5）建立技术人才培训机制。农药科学使用涉及农药、药械、施药技术等各个环节，但农药科学使用的关键在人，因此，加强农药科学实用技术知识普及至关重要。

（6）参照国际植保机械发展的趋势，根据我国农业生产实际，研究开发轻便、高效、用水量少的新型多功能喷雾机具；改进目前使用的机动喷雾机具，走小喷杆代替单个喷头，机动代替手动的发展模式。

（7）加强高毒农药替代技术的研究和推广工作，研究高毒农药低毒化制剂加工和实用技术工作，如用新烟碱类杀虫剂（吡虫啉、啶虫脒等）替代高毒杀虫剂，组织大面积示范推广，从根源上减少高毒农药的投放。

7.4.2 管理创新体系的构建

（1）合理定位肥料、农药管理职能，在现有管理机制的基础上，加强科学使用的监管工作。

（2）发挥现有土肥、植保部门的作用，加强对机械使用性能的测试工作，逐步实行机械市场准入制度。

（3）通过全国测土配方施肥技术研究协作网，建立科学施肥技术指导体系，定期发布全国分区配方施肥技术手册，指导全国科学施肥技术的推广。

（4）创新科研管理机制，整合农业部系统和高校系统病虫草鼠害预测预警、农药、植保机械等方面的人员优势，合理布局，紧密协作，针对不同地区、不同农作物生产中的农药科学使用技术问题，创建多层次的农药科学使用研究中心。

7.4.3 政策支撑体系创新

（1）制定并落实一体化综合管理政策措施，协调农、科、教、产、供、销各环节之间以及有关部门之间的关系，保证"测、配、产、供、施"链条顺畅。同时，要采取有利政策措施，保证技术推广机构和队伍的稳定，结合基层农业"三站"改革，强化土肥部门和植保部门的公益性职能。

（2）采取财政补贴、奖励等措施鼓励农民进行秸秆还田和户养畜禽粪尿的利用；对规模化养殖企业，应制定相应的奖励办法，奖励畜禽粪尿处理好的企业；设立专项资金，鼓励种植绿肥和豆科作物。实施倾斜政策鼓励低毒、无毒农药和高利用率植保机械的使用。

7.4.4 法规保障体系创新

（1）尽快出台《肥料管理条例》。依法规范肥料生产、销售、使用、管理行为，严格肥料市场准入和生产经营管理，加大肥料打假力度，保障肥料产品质量，鼓励科学施肥，保护生态环境，确保人畜安全，促进农业可持续发展。

（2）持续开展肥料打假扶优护农行动。加强肥料产品标识与广告审查，严厉打击利用虚假广告和标识标签，坑农害农。依法开展优质肥料推介活动。通过打假扶优，促进我国肥料质量优质化，肥料生产标准化，肥料经营规范化。

（3）在新修改《农药管理条例》中，加强农药科学使用方面管理内容。

（4）尽快出台《农药科学使用准则》，明确提出农药乱用、滥用的处罚措施，逐步把《农药科学使用规范》从技术性文件上升到法规性文件。

7.5 提高全民农业节能减排意识

在日常生活中，人们更多关注的是工业和生活中的节能减排问题，对农田节能减排的认识还非常不足。政府和学术界应加大对农田节能减排意义及其可行性的宣传力度，让生产者认识到节能减排不仅不会影响作物产量，而且还可以提高土壤肥力降低生产成本；让社会公众认识到农田节能减排的潜力和其对缓解气候变暖的重大贡献，提高社会公众的关注度，全面推进稻田节能减排技术的推广应用。在宣传手段上，可以采取宣传册、新闻、媒介、标语等方式以农村喜闻乐见的形式进行，同时可以要求企业在相应的产品包装上，比如肥料、农药、农机等标注有关节能减排的宣传词，多渠道、多手段相结合来提倡稻田节能减排。

参考文献

曹珍，廖新俤，2011. 家畜胃肠道甲烷减排技术进展 [J]. 家畜生态学报，32(4) :1-8.

环境科学大辞典编委会，1991. 环境科学大辞典 [M]. 北京：中国环境科学出版社.

黄耀，2006. 中国的温室气体排放、减排措施与对策 [J]. 第四纪研究，26 (5): 722-732.

金京淑，2011. 中国农业生态补偿研究 [D]. 长春：吉林大学.

赖力，黄贤金，刘伟良，2008. 生态补偿理论、方法研究进展 [J]. 生态学报，28(6): 2870-2877.

李立，蔡运涛，2011. 农业生态补偿支持保障机制研究 [J]. 经济观察，3(下): 110-111.

李怒云，宋维明，2006. 气候变化与中国林业碳汇政策研究综述 [J]. 林业经济(5): 60-64, 80.

刘衡，胡碧，2011. 我国农业温室气体减排政策适用性研究 [J]. 西安邮电学院学报，16(2): 91-94, 99.

卢燕宇，黄耀，张稳，等，2007. 基于 GIS 技术的1991—2000 年中国农田化肥氮源一氧化二氮直接排放量估计 [J]. 应用生态学报，18 (7): 1539-1545.

任勇，冯东方，俞海，2007. 中国生态补偿理论与政策框架设计 [M]. 北京：中国环境科学出版社.

申进忠，2011. 关于农业生态补偿的政策思考 [J]. 中国 - 欧盟农业可持续发展及生态补偿政策研究项目专刊(4): 1-5.

石生伟，李玉娥，刘运通，等，2010. 中国稻田 CH_4 和 N_2O 排放及减排整合分析 [J]. 中国农业科学，43(14):2923-2936.

舒畅，乔娟，2014. 欧美低碳农业政策体系的发展以及对中国的启示 [J]. 农村经济(3):125-129.

孙芳，2012. 中国农业温室气体减排市场机制研究 [D]. 北京：中国农业科学院.

谭淑豪，张卫建，2009. 中国稻田节能减排的技术模式及其配套政策探讨 [J]. 科技导报，27(23): 96-100.

谢培秀，徐和生，许建，2013. 中国低碳农业发展及其政策研究 [M]. 合肥：合肥工业大学出版社.

严立冬，田苗，何栋材，等，2013. 农业生态补偿研究进展与展望 [J]. 中国农业科学，

46(17):3615-3625.

杨凤, 2001. 动物营养学(第2版)[M]. 北京: 中国农业出版社.

杨光梅, 闵庆文, 李文华, 等, 2007. 我国生态补偿研究中的科学问题[J]. 生态学报, 27(10): 4289-4300.

杨欣, 蔡银莺, 2011. 国内外农田生态补偿的方式及其选择[J]. 中国人口·资源与环境, 21(12):472-476.

张诚谦, 1987. 论可更新资源的有偿利用[J]. 农业现代化研究 (5):22-24.

张勇, 张壬午, 2011. 发展农业循环经济与农业节能减排[J]. 农业环境与发展 (3): 27-28.

中国生态补偿机制与政策研究课题组, 2007.中国生态补偿机制与政策研究[M].北京: 科学出版社.

朱立志, 2007. 农业节能减排方略[M]. 北京: 中国农业科学技术出版社.

Willey Z, Chameides B, 2009. 清洁农作和林作在低碳经济的作用[M]. 林而达, 等, 译. 北京: 科学出版社.

Cai Z C, Haruo Tsuruta, Gao M, et al, 2003. Options for mitigating methane emission from a permanently flooded rice field[J]. Global Change Biology(9): 9, 37-45.

Lai R, Bruce J P, 1999. The potential of world cropland soils to sequester C and mitigate the greenhouse effect Environmental Science &Policy, 2: 177-185.

Steve Forlking, Li C S, Rob Braswell, et al, 2004. Short- and Long-term greenhouse gas and radiative forcing impacts of changing water management in Asian rice paddies[J]. Global Change Biology(10): 1180-1196.

图书在版编目（CIP）数据

粮食作物节能减排技术与政策初探/王久臣，宋振伟，李虎主编. —北京：中国农业出版社，2016.12
ISBN 978-7-109-22238-0

Ⅰ.①粮…　Ⅱ.①王…②宋…③李…　Ⅲ.①粮食作物-节能减排-研究-中国　Ⅳ.① F326.11

中国版本图书馆CIP数据核字（2016）第250717号

中国农业出版社出版
（北京市朝阳区麦子店街18号楼）
（邮政编码 100125）
策划编辑　张德君
文字编辑　刘金华

中国农业出版社印刷厂印刷　　新华书店北京发行所发行
2016年12月第1版　2016年12月北京第1次印刷

开本：700 mm×1000 mm 1/16　印张：13.5
字数：196千字
定价：50.00元
（凡本版图书出现印刷、装订错误，请向出版社发行部调换）